KB271932

이기는 기업은 무엇이 다른가

위기에도 성장하는
기업의 비밀

이기는 기업은 무엇이 다른가

초판 1쇄 발행 | 2012년 8월 3일
초판 3쇄 발행 | 2014년 11월 20일

지은이 | 맹명관
펴낸이 | 이희철
기획편집 | 조일동
마케팅 | 임종호
북디자인 | 디자인 홍시
펴낸곳 | 책이있는풍경
등록 | 제313-2004-00243호(2004년 10월 19일)
주소 | 서울시 마포구 월드컵로31길 62 1층
전화 | 02-394-7830(대)
팩스 | 02-394-7832
이메일 | chekpoong@naver.com

ISBN 978-89-93616-23-1 03320

- 값은 뒤표지에 표기되어 있습니다.
- 잘못된 책은 바꾸어 드립니다.

- 이 도서의 국립중앙도서관 출판시도서목록(CIP)은 e-CIP홈페이지(http://www.nl.go.kr/ecip)와
  국가자료공동목록시스템(http://www.nl.go.kr/kolisnet)에서 이용하실 수 있습니다.
  (CIP제어번호: CIP20122003291)

이기는 기업은 무엇이 다른가

위기에도 성장하는
기업의 비밀

험한 바다에 버티고 있는 이들에게

경영과 마케팅이라는 괴물을 접할 때마다 이것이 생물체와 같다고 생각한다. 매우 낯설고, 기괴스럽고, 그러면서도 예측할 수 없다. 때로는 액체처럼 물렁물렁하다 싶다가도 어느 순간 화석처럼 굳어버리고 기존의 모든 지식이 한순간에 연기처럼 사라져버린다. 익히 알고 있다고 생각하는 순간 물거품이 되고, 고루하다고 여긴 지식이 오히려 가장 참신한 전략이 되는 분야가 경영과 마케팅이다.

　이런 흐름 속에서 나는 정형화된 경영 원칙과 법칙을 깨뜨리기 위해 애썼다. 하지만 그럴수록 반발도 적지 않았다. 적어도 교실에서 애써 배운, 현장에서 땀 흘려 익힌 원칙들은 고수하고 지켜야 하지 않느냐는 것이었다. 현실과 원칙 사이에서 고민해야 하는 경영자들이라면 더할 것이다. 험한 바다 한가운데에서 거센 파도와 풍랑을 이겨내야 하는 이들에게 시시각각으로 변하는 현실이 두렵기만 할 것이다. 쉼 없이 변화하는 현실 속에서도 지키고 버틸 수 있는 원칙을 찾는 것은 고되지만 반드시 해야 할 일이다. 그러다 보니 경영자들이나 현장에서 만난 실무자들은 너나없이 묻는다.

"이기는 기업은 무엇이 다릅니까?"

"도대체 경영이란 무엇입니까?"

"좋은 제품을 만들어도 고객이 다가오지 않는데, 왜 그럴까요?"

이것은 이 책을 집필하면서 내 자신에게 던진 화두이기도 했다.

남들이 가는 길, 아무도 가지 않은 길

나는 늘 놀란다. 한정된 공간, 한정된 사람들을 상대로 하는 경영이면서도 그 방법은 그때그때마다 수많은 가능성이 존재하기 때문이다. 그리고 파도가 심하고 앞이 보이지 않는 속에서도 유독 빛나고, 등대처럼 희망이 되는 기업들이 있기 때문이다. 이들 기업은 다른 기업들이 부러워하는 능력과 규모, 풍부한 시장을 갖고 있다.

하지만 그들의 빛나는 성공에만 취해서는 안 된다. 그 속에는 결코 놓쳐서는 안 될 핵심 요소가 있다. 그것은 그들이 남들이 외면하거나 거들떠보지 않은 '아직 발견하지 않은' 곳을 찾아갔고, 그곳에서 신대륙을 만들어냈다는 것이다. 앞선 기업들의 꼬리를 따라가는 것이 아니라 힘들고 고되지만 자신만의 블루오션을 찾아간 용기가 있고 위기를 기회로 삼았기에 그들의 가치는 더욱 빛나고, 그들의 미래는 더욱 희망적이다. 이기는 기업에는 분명한 이유가 있고, 그들의 이기는 이유를 놓쳐서도 안 된다.

경영 트레이너인 토마스 바샵은 《파블로 이야기》에서 이렇게 말했다.

'가장 빛나는 별은 아직 발견되지 않은 별이고, 당신 인생 최고의 날은 아직 살지 않은 날들이다. 스스로에게 길을 묻고, 스스로 길을 찾아라. 꿈을 찾는 것도 당신, 그 꿈을 향한 길을 걸어가는 것도 당신의 두 다리. 새로운 날들의 주인은 바로 당신 자신이다.'

머리는 뜨겁게, 다리는 날렵하게

스티브 잡스가 20살에 인생을 걸고 세상을 바꾸어보겠다고 결심했을 때 세상은 냉담했다. 당시 그는 치열한 IT업계에 갓 뛰어든 컴퓨터 마니아들 중 한 명에 불과했다. 그러나 그는 컴퓨터 이상의 세계를 보는 통찰력과 대담한 상상력으로 전 세계 사람들의 삶을 송두리째 바꾸었다. 그리고 그가 그랬듯이 애플의 신입사원들에게 도전과 열정을 가질 것을 주문한다.

'세상에는 그냥 하는 일과 일생을 걸고 하는 일이 있다. 당신의 손길이 곳곳에 스며든, 절대로 타협할 수 없는, 그리고 휴일이라도 기꺼이 희생할 수 있는 그런 일이다. 당신은 이곳에서 그런 일을 할 수 있다. 이곳 사람들은 무난하게 근무하러 오는 것이 아니다. 그들은 여기에 끝장을 보기 위해 온다. 그것은 그들이 자신의 일이 세상에 의미 있기를 바라기 때문이다. 이곳이 아닌 다른 곳에서는 일어날 수 없는 거대한 일을.'

우리 기업들에게도 이처럼 직원들의 발걸음을 가볍고 설레게 할 문화가 있을까? 늘 새로움에 대한 흥분과 기대, 먼저 나서서 일하고 싶은 재미는 기업을 흥하게 하는 요인 중 하나라는 사실을 알고 있는가? 알고 있다면 왜 실천하지 못하는가?

물결이 심하고 파도가 센 글로벌 환경 속에 있는 국내 기업들도 세상을 바꾸는 대업에 인색하지 않기를 바란다. 스티브 잡스가 전 세계의 경영 흐름을 바꾸었듯이, 애플이 신입사원들에게 도전과 열정을 심어주고 그것을 키워주듯이 기업의 선두에 선 이들도 끊임없는 자기 파괴와 혁신, 그리고 솔선수범하는 리더십으로 거친 파도를 이겨내기를 바란다. 머리는 늘 뜨겁고, 다리는 늘 날렵한 그들과 만나고 싶다.

그리고 하루하루가 생존의 연속인 현실 속에서 가장 먼저 잠에서 깨어나고 빠르게 달려가기를 바란다. 미국의 보스턴 컨설팅 그룹의 경제경영 보고서에 있는 글처럼.

'아프리카에서는 매일 아침 가젤이 잠에서 깬다. 가젤은 가장 빠른 사자보다 더 빨리 달리지 않으면 죽는다는 사실을 알고 있다. 그래서 가젤은 온 힘을 다해 달린다. 아프리카에서는 매일 아침 사자가 잠에서 깬다. 사자는 가젤을 앞지르지 못하면 굶어 죽는다는 사실을 알고 있다. 그래서 사자는 온 힘을 다해 달린다.'

오만한 도전과 열정을 새로 시작하며

딱딱한 경영과 마케팅 강의를 보다 가볍고 보다 친근감 있게, 개그콘서트 식으로 해온 지 20여 년이 지났다. 그간 시행착오도 적지 않았지만, 늘 새로운 것을 찾고 깊이 있게 들여다보는 지난한 작업을 투정 없이 이어온 내 자신이 자랑스럽기만 하다. 그리고 이 오만한 도전과 열정이 앞으로도 쉼 없이 이어지기를 매일매일 다짐한다. 그러는 중에도 틈틈이 관련 책을 집필하고 있다.

늘 그렇지만 한 권의 책을 집필하는 것은 고되고 오랜 시간을 들여야 하는 일이어서 나를 지치게 한다. 왜 힘든 일을 시작했을까 하는 후회와 발을 들인 일을 어떻게 매듭지어야 할지 고민의 나날이었고,

어떻게 써야 할지 갈등도 심했다. 그렇게 내 자신과 다투고 화해하다
보니 1년 반이 훌쩍 지나갔다. 그리고 그날들이 어느새 이렇게 책으
로 엮여졌다.

이 책이 나오기까지 묵묵히 기다려주고 격려를 아끼지 않는 이들에
게 이 책을 대신해 감사의 마음을 전한다. 그리고 지금, 그들의 격려를
뒤로 한 채 오만할 수도 있는 도전과 열정의 새로운 오늘을 시작한다.

들어가는 글

1 PART
누구나 알지만 아무도 모르는

2 PART
명품은 저절로 생기지 않는다

7 PART 머리가 될 것인가 꼬리가 될 것인가

참고자료

Think
Difference

누구나 알고 있다고

자부하지만

제대로 알지 못하거나

알고 있다고 해도

당장의 이익 때문에

놓치고 있는

불편한 진실들.

당신에게는
브랜드가 있는가

설마 그가 조슈아 벨이었다니

2007년 1월의 어느 금요일 아침, 워싱턴 DC의 한 지하철 입구는 출근하는 직장인들로 붐볐다. 그들 틈으로 청바지에 야구 모자를 눌러 쓴 한 청년이 낡은 바이올린을 꺼내 들었고, 진지한 표정으로 바이올린을 켜기 시작했다. 바쁘게 발걸음을 옮기는 사람들은 그 청년을 보지 못한 채 갈 길만 서둘렀다.

몇 분 후, 한 남자가 청년을 향해 눈길을 돌렸고 또 한 사람이 벽에 기대어 음악을 들었다. 그것을 시작으로 총 27명이 청년의 연주를 보려고 모여들었고, 연주 후 청년의 바이올린 케이스에 동전을 넣어주었다. 모인 돈은 37달러 17센트였다.

그런데 다음날 신문을 펼쳐 본 사람들은 깜짝 놀랐다. 지하철 입구에서 공연했던 그 청년은 일반인들이 평생 한 번 만나기도 힘든 세계적인 바이올리니스트 조슈아 벨이었기 때문이다.

그날 그는 350만 달러에 이르는 스트라디바리우스 바이올린으로

45분 동안 연주했지만 그날 그 현장을 오간 사람들 중 1초라도 그를 쳐다본 사람은 극히 일부에 불과했다. 이 무료 공연을 제안한 《워싱턴 포스트》는 사람들이 바쁜 현실에 쫓겨 자기 주변에 존재하는 것들의 가치를 제대로 알아보지 못한다는 기사를 내놓았다.

만일 조슈아 벨의 존재를 미리 알리고 공연했다면 어떤 일이 일어났을까? 이름 없는 청년의 바이올린 연주와 세계적인 바이올리니스트의 연주는 하늘과 땅 차이일 것이다. 그 지하철 입구에 바이올린을 켜는 청년이 조슈아 벨이라는 사실을 인지했다면 무관심하게 지나치거나 37달러 17센트는 상상도 하지 못했을 것이다.

그래도 그 브랜드를 찾는 이유

브랜드의 가치를 평가하는 방법 중 흔한 것이 블라인드 테스트다. 동일한 조건을 놓고 브랜드를 달리해 제시하고 그 차이를 분석함으로써 브랜드의 값을 구하는 것이다. 이 대표적인 예가 코카콜라와 펩시의 실험이다.

고객의 눈을 가린 후에 코카콜라와 펩시 두 제품을 시음하도록 했다. 눈을 가린 채 한 이 실험에서 참가자들의 제품 선호도는 코카콜라가 44퍼센트, 펩시가 51퍼센트로, 펩시가 코카콜라보다 7퍼센트 높은 결과를 보였다. 하지만 참가자들에게 두 제품의 브랜드를 보여준 다음 시음한 결과는 현격한 차이가 났다. 코카콜라는 65퍼센트, 펩시는 23퍼센트로 코카콜라가 42퍼센트 높게 나타난 것이다. 코카콜라라는 브랜드를 인식함으로써 맛의 선호도가 21퍼센트 증가한 반면 펩시는 무려 28퍼센트가 감소했다.

브랜드가 없다면 펩시는 시장에서 코카콜라를 이겼을 것이다. 이를 의식하듯 펩시의 광고는 일관되게 '브랜드를 의식하지 말고 맛으로 선택하라'는 메시지를 소비자들에게 주입시키고 있다.

'얼마나 브랜드에 의존하는가'를 땅콩버터로 실험한 사례가 있다. 질이 좋은 땅콩버터에 브랜드를 붙이지 않는 것과 질이 떨어지는 땅콩버터에 유명 브랜드를 부착해 소비자의 선호도를 조사했다. 결과는 브랜드가 붙은 땅콩버터가 그렇지 않은 것보다 73퍼센트의 높은 선호도를 나타냈다. 이 실험은 브랜드가 고유한 맛까지 변화시키는 엄청난 가치를 지니고 있음을 알려준다.

현대자동차가 해외에 출고할 때 국내에서 출시하는 것과 다른 이름을 붙이는 것처럼, 같은 생산 라인에서 만든 같은 제품이라도 자동차 회사마다 고유의 브랜드를 붙인다. 같은 생산 라인에서 만들었지만 이글은 탈론, 크라이슬러는 레이저, 미쓰비시자동차는 이클립스라는 브랜드를 사용했다. 이후 판매 결과를 비교해보니 탈론은 딜러 당 18대를, 레이저는 13대를 팔았지만 이클립스만은 100대를 판매했다.

이클립스가 탈론이나 레이저와 차별화된 성능을 지녔을까? 아니다. 세 종류의 차는 같은 생산 라인에서 만든 같은 차종이었다. 하지만 당시 일본 제품은 미국 사람들에게 견고하고 차별화된 애프터서비스로 높은 선호도를 갖고 있었다. 따라서 딜러 당 100대를 판매한 효과는 전적으로 이클립스 자체보다는 미쓰비시라는 자동차 회사의 영향이 컸다.

브랜드가 미래를 결정한다

조슈아 벨의 실험은 개인 브랜드를 어떻게 지각하느냐 하는 관점에서도 살펴볼 필요가 있다. 개인 브랜드를 가지면 몸값이 올라가고, 경쟁력이 높아지며, 절대적인 신뢰를 주게 한다. 개인 브랜드를 구축하면 비전과 목적 그리고 목표를 향한 방향 역시 자연스럽게 설정된다.

이 실험은 그 뒤 계속되어, 3달 후에 영국 런던의 워터루 역에서 미모의 여성 바이올리니스트가 같은 식으로 연주했는데, 그 자리에 1분 이상 머문 사람은 8명, 수입은 28달러였다. 우리나라에서도 같은 방식으로 70억 원짜리 스트라디바리우스와 1억 원을 호가하는 활로 우리나라 사람들이 좋아하는 레퍼토리를 연주했는데, 2분 이상 머물러 들은 사람이 5명, 수입은 16,900원이었다.

조슈아 벨의 이벤트는 개인 브랜드의 유무에 따른 결과와 그 중요성을 일깨워준다. 브랜드의 중요성은 개인의 가치, 기업의 제품이나 서비스에만 한정되는 것이 아니다. 런던이 가장 유명한 히피적인 도시로, 미국 보스턴 128번가가 미국의 기술 하이웨이로 명성을 얻고 있듯이 브랜드는 전 세계로 확장하고 있다. 브랜드가 개인과 기업, 전 세계를 움직이고 가늠하는 기준이 되어가고 있는 것이다.

자신만의 브랜드를 만드는 것은 쉽게 되는 일이 아니다. 그만한 능력과 끈기, 열정이 한데 어우러져야만 자신의 확고한 이미지를 남길 수 있다. 단기간에 이룰 수 있는 일도 아니다. 하지만 어떤 이미지를 만드느냐에 따라 개인은 물론 기업의 미래는 완전히 달라진다.

같은 값이라도 브랜드가 있는 대상에 눈과 손이 먼저 가는 것은 당연한 이치다. 누구나 알고 있다고 자부하지만 정작 제대로 알지 못하거나 알아도 당장의 이익 때문에 놓치고 있는 불편한 진실. 당신은 어떤가? 당신의 회사는 어떤가?

지킬 것은 지키고
버릴 것은 버려라

무너지는 아날로그시계 왕국

결혼 예물로 받은 시계는 단순히 현재 시각만 가르쳐주는 용도로 존재하지 않는다. 현재 시각을 알고 싶다면 휴대전화만으로도 충분하다. 하지만 사람들이 굳이 시계를 차고 다니는 것은 단지 시각을 보기 위함이 아니다. 그 안에는 자존심이 숨어 있다.

1970년대 중반까지만 해도 시계는 권력과 부의 상징이었다. 그중에서도 스위스 시계는 최고의 명성을 자랑하며 전 세계 시계산업을 독차지했다. 그런데 이 시장에 일본이 뛰어들었다.

실리에 밝은 일본 기업들은 스위스 시계를 뜯어 수백 년의 노하우를 분석하기 시작했고, 이내 그와 비슷한 시계를 만들어내기에 이르렀다. 그것도 저가를 무기로 시장에 진출한 것이다. 그때까지만 해도 부자들만 차던 시계를 누구나 찰 수 있도록 한 것은 스위스 시계산업에 정면 도전한 것이나 다름없었다. 스위스 기업들은 일본이 만든 시계를 싸구려에다 조잡하다고 얕잡아보았지만, 눈치 챌 수 없을 만큼 비슷하면서도 너무나 저렴해 소비자들이 열광하기 시작했다.

기계식 손목시계는 스위스 금 세공사들이 처음 만들었고, 1970년 이전까지 전 세계 시계산업의 절반 이상을 점유하고 있었기에 스위스 시계 기술자들의 자부심은 대단했다. 세계 최고의 정확성을 자랑했고, 메이드 인 스위스는 최고 품질이라는 의미로 여겨졌다.

그런데 정밀, 정확, 품질을 중시하던 시계 시장에 1980년대 초반 밀어닥친 일본식 전자시계의 출현은 혁명이라고 해도 과언이 아니었다. 숫자가 화면에 나오는 최첨단 기술과 상상할 수 없는 저렴한 가격은 기존 시계산업을 뒤집었다.

전자식 시계의 등장으로 부의 상징이던 시계의 가격이 5분의 1, 10분의 1로 떨어지자 스위스 시계업계는 전전긍긍했다. 값싼 전자식 시계의 등장과 함께 시계산업의 주도권도 스위스를 떠나기 시작했다.

스위스는 1974년만 해도 한 해 9,100만 개의 시계를 만들어 팔았다. 400년 역사를 자랑하던 스위스 시계산업은 1973년 세계 시장의 43퍼센트를 점유하면서 화학제품, 기계제품에 이어 스위스의 세 번째 수출 품목으로 부상하기도 했다. 하지만 10년 뒤인 1983년에는 4,300만 개밖에 팔지 못하는 부진을 보였고, 시장점유율도 15퍼센트로 떨어졌다.

일본에 이어 홍콩에까지 자리를 내주고 3위로 주저앉았는데, 여기에 대만·중국·한국 등 디지털시계 생산 국가들이 늘면서 스위스 시계산업은 고립무원이 되고 말았다. 1,600여 개에 달하던 시계 제조업체들 중 1,000개 이상이 도산해 5만 명 이상이 실업자가 되는 최악의 상황에 직면했다. 아시아 기업들은 낮은 임금과 낮은 마진을 유지하며 기계식 기술로 고임금의 스위스 기업들을 그로기 상태로까지 몰고 갔다.

　무엇을 지키고 무엇을 버려야 하는지 헤매는 사이에 설 자리마저 잃고 말았다. 1985년 세계 손목시계 시장의 시장점유율은 스위스가 13퍼센트, 후발 경쟁자인 일본이 39퍼센트, 그리고 홍콩이 22퍼센트를 차지해, 그야말로 스위스 시계의 전성시대는 옛날이야기가 되고 말았다.

자존심보다 중요한 것은 생존이다

그때 스위스 시계산업에 구원투수가 나타났다. 하이에크 엔지니어링의 경영자이자 기업 컨설턴트였던 니콜라스 하이에크가 바로 그였다. 그는 스위스 시계산업이 살아남으려면 오만한 자세를 버리고 시장에 귀를 기울여야 한다고 충고했다. 이는 좋은 시계도 좋지만 잘 팔리는 시계에 초점을 맞추라는 무언의 경고였다.

　스위스 시계 기술자들이 그의 충고를 받아들인다는 것은 쉬운 일은 아니었다. 스스로 예술의 경지에 이르렀다고 자부하고 있던 최고급 시계의 이미지를 버릴 수가 없었고, 세계 시계시장의 90퍼센트가 중저가 시계라고 해도 자신들의 고급 기술을 버릴 수도 없었다. 그런 그들에게 니콜라스 하이에크는 중저가 시계를 만들어야 한다고 나선 것이다.

　대량 생산이 불가능한 가내수공업 위주로 이루어진 생산 방식과 스위스 시계가 갖고 있던 자존심은 그의 권고를 선뜻 받아들이기 곤혹스러운 난제였다. 그들이 이 문제에 봉착해 결정을 내리지 못하자 니콜라스 하이에크는 정면 돌파했다. 그가 경영하는 하이에크 엔지니어링이 스위스 시계의 양대 업체인 ASUG와 SSIH를 인수한 것이다.

두 회사의 자문을 맡았던 하이에크 엔지니어링은 두 회사를 인수해 SMH를 설립했다. 그 후 이 회사는 우리가 잘 아는 스와치로 회사명을 바꾸었다.

스와치는 먼저 전통 아날로그시계를 만드는 데 필요한 91개에서 많게는 125개에 이르는 부품을 51개로 대폭 줄이고, 저가 시장을 공략하기 위해 조립 공정을 단순화하고, 생산비를 절감하기 위해 대량생산 체제를 구축했다. 그렇게 스와치가 시장에 내놓은 것은 완벽한 방충과 방수 기능을 가진 40달러의 시계였다. 당시 일본과 홍콩 시계가 75달러일 때였으니 스와치의 시도는 무모할 정도의 모험에 가까웠다.

그런데 여기서 주목할 점은 단순히 가격을 낮추는 용단 외에 대대적인 공정과 원가의 변혁이 따랐다는 사실이다. 중저가 시계 시장에서의 경쟁에서 이기기 위해서는 많은 투자와 중장기적인 기반 구축이 필요한데, 이를 주저하지 않은 것이다. 그리고 스와치의 변신은 전 세계 시계 시장을 다시 한 번 역전시켰다.

스와치의 변신이 성공한 데에는 자존심에 매달려 있던 과거에서 자존심을 지키되 값싼 제품이라는 빈자리를 찾아간 지혜가 있었다. 그리고 '저렴한 자존심'의 핵심에는 패션이라는 콘셉트가 있었다. '현재 시각을 알려주는 3만 원짜리 패션 액세서리'를 만들기 위해 스와치는 이탈리아 밀라노에 디자인 본부를 두고 패션 디자이너의 자문을 받아 6주마다 새로운 디자인을 내놓았다. 새로운 포지셔닝으로 새로운 시장을 만들고 그 시장을 확장한 것이다. 그리고 패션 시계에서 팔찌와 액세서리로 영역을 넓혀 갔다.

지킬 것은 지키고, 버릴 것은 버려라

스와치가 이런 과감한 결단을 내리고 성공하기까지는 스위스 시계산업의 양대 산맥인 ASUG와 SSIH의 자문역을 맡은 니콜라스 하이에크의 역할이 컸다. 그는 다양한 상표를 명확하게 차별화하고, 저가와 중가, 고가로 나누어 경제 환경이 다른 수많은 사람들을 모두 고객으로 끌어안는 피라미드 전략을 설정했다. 100만 달러의 고가 브랜드도 중요하지만 이제 50달러 미만의 저가 시계도 소홀히 할 수 없는 저인망식 마케팅 기법을 제안하고 이를 적극 실행에 옮겼다.

스위스 시계산업의 새로운 미래를 짊어지고 있는 스와치는 고가로 이름난 스위스 시계의 전통을 저버리지도 않았다. 중저가 시계를 생산, 판매하면서 동시에 고가 시계도 여전히 만들고 있다. 매년 200여 종의 새로운 디자인을 출시하면서 평균 3만 5,000개 정도의 시계를 생산한 후 각각의 주물을 폐기처분해 희소성을 유지했다. 단순히 저가에만 머무르지 않고 고객의, 기업의 자존심도 지킨 노력은 전 세계 시장점유율을 60퍼센트로 회복시키는 힘이 되어주었다.

창립한 지 30여 년밖에 안 되었지만 스와치는 여러 가지 브랜드로 지구촌 모든 계층이 원하는 가치와 이미지를 만들어내고 있다. 현재 스와치에는 20여 개의 시계 브랜드를 독립된 회사처럼 운영하고 있는데, 브랜드의 고유한 이미지를 유지하기 위해 디자이너와 매장 직원들 또한 브랜드마다 자체적으로 운영하고 있다.

고급 시계 기술의 원조라는 브랜드에 값싼 전자시계와 다르다는 콘셉트로 세계에서 가장 많이 팔리는 시계 생산 기업으로 재도약한 스와치. 흐름을 읽고 버릴 것은 확실하게 버리면서 경쟁력을 확보하고,

지킬 것은 절대 잊지 않고 지켜 가치를 높인 스와치의 변화는 날로 바
뀌는 새로운 환경에 적응하고 앞서가야 하는 국내 기업들에게 많은
것을 시사해준다.

그래서 스와치그룹의 회장인 니콜라스 하이에크의 이 말은 간단명
료하지만 많은 것을 생각하게 한다.

"스와치는 도전이고, 변혁이고, 즐거움이다."

기적을 만든 리더십,
포커스 호프

'문제는 현실이 아니라 태도다'

1995년, 미시간대학 경영대학원은 올해의 비즈니스 리더십상 수상자로 2명을 발표했고, 이 발표가 나자마자 전 세계는 깜짝 놀랐다. 수상자는 유명 경영인이나 저명한 학자도 아닌, 가정주부와 수도사였기 때문이다.

1967년, 주부인 엘레노어 조사이티스와 수도사인 빌 커닝햄은 디트로이트 시에서 일어난 대규모 시민 폭동을 목격했다. 인종 문제로 대규모 시민폭동이 발생했고 이를 해결하려고 무장한 군부대가 투입될 정도로 디트로이트 시 전체가 아수라장이 되었다.

이 폭동은 인종 문제뿐만 아니라 생존과 관련된 심각한 문제를 내포하고 있었는데, 두 사람은 도시 흑인 빈민들의 참상을 목격한 후 그들에게 무언가 해야겠다는 뜻을 같이 했다.

이후 이들은 포커스 호프라는 단체를 결성해, 디트로이트 시의 빈민가 모녀들이 영양실조에 걸리지 않도록 음식과 우유 등을 공급해주는 식료품 무상 공급 프로그램을 운영했다. 그런데 빈민가 사람들과 만나면서 이들이 궁핍한 원인은 부모들이 변변한 교육을 받지 못해 직장, 직업이 없을 뿐만 아니라 배운 기술도 없기 때문이라는 사실을 알게 되었다.

고민은 여기서 시작되었다. 그들에게 어떤 기술을 가르칠까? 어떻게 해야 그들이 지긋지긋한 빈곤에서 벗어날 수 있도록 할 수 있을까? 그런 두 사람의 눈에 들어온 것이 자동차 회사였다.

디트로이트 시에는 자동차 회사가 많으며, 이 회사들이 기계공을 필요로 한다는 소식을 들었다. 이에 엘레노어 조사이티스와 빌 커닝햄은 빈민가 사람들에게 자동차 관련 기술을 가르치기로 마음먹고, 단순한 기계공이 아닌 세계 최고 수준의 기계공으로 육성하겠다고 결심했다.

이 결심은 누구나 품는 일시적인 희망사항이 아니었다.

'땀 흘리지 않으면 꿈꾸지도 마라'

두 사람이 이끄는 교육 프로그램은 구체적이었고 실무에 활용할 수 있도록 짜였다. 문맹에 가까운 이들에게 속성 훈련 프로그램으로 계산 및 언어 능력을 향상시켰고, 이를 통과하면 1년 과정의 정식 기계공 훈련원에 입학할 수 있는 기회를 주었으며, 우수 졸업생에게는 취업은 물론 그들이 만든 것을 자동차 부품 회사에 납품할 수 있도록 해주겠다고 약속했다.

"어느 누구도 여러분에게 무엇을 줘야 할 의무는 없습니다. 원하는 것이 있다면 스스로 땀을 흘려야 합니다."

이들은 여기에 그치지 않고 미국 굴지의 6개 대학과 협력해 고급 기술 훈련원을 만들어, 빈민들에게 산업공학 및 기계공학 학위를 취득할 수 있도록 문을 열어주었다.

이들과 협력 관계를 맺은 한 기업가는 이렇게 말했다.

"우리가 포커스 호프로부터 물품을 사는 것은 그들을 동정해서가 아니라 그들이 만드는 제품이 최고 수준의 제품이기 때문이다."

포커스 호프는 단순히 기술을 가르치는 데 그치지 않고, 빈민들의 심리적인 상처도 치료해주었다. 포커스 호프의 성과를 언급할 때 기술보다 더 부각되는 것이 심리치료다. 빈민가 흑인들의 인종적 피해의식과 이들이 안고 있는 패배감, 그리고 열등의식을 없애주는 데 주안점을 두었다. 수도사이자 가정주부인 두 사람은 그들의 상처를 어루만져주고 새로운 희망과 비전을 위한 격려도 아끼지 않았다.

심리치료에 이어 현실을 이겨내는 비전과 도전의식을 갖도록 교육시켰다.

"여러분에게 단순히 기술을 가르쳐 직장을 찾아 생계를 유지하게 만드는 것이 목적이 아닙니다. 우리는 세계 경제시장의 판도를 바꿀 수 있는 능력 있는 엔지니어를 원합니다."

'현실을 직시하고, 현실을 이겨내라'

그리고 이들은 경쟁력 있는 프로그램으로 빈민들이 경쟁력 있는 인재로 변화하기를 바랐다. 이를 위해 철저한 관리가 필요했고, 이를 그대로 실행했다. 1분이라도 지각하면 엄벌에 처하고 숙제를 하지 않은 학생은 이유를 막론하고 학교에서 내보냈다. 빈곤을 이겨내려고 온 이들에게 퇴교 조치는 가혹했다. 하지만 두 사람은 타협하지 않았다.

"여러분은 남들보다 뒤쳐져 있고 상황도 너무나 불리합니다. 그렇게 시작했으면서 어떻게 나태한 자세로 저 무서운 세상에서 살아남을 수 있겠습니까?"

그러면서 이 말도 덧붙였다.

"여러분이 세상에 나가서 일할 직장은 어느 곳이든 지각을 용납하지 않습니다. 그러므로 우리도 용납하지 않습니다. 정신 차리십시오. 그래야 살아남습니다."

두 사람의 프로그램은 심한 반발과 분노를 불러일으키기도 했다. 아무리 좋은 프로그램도 적응하지 못하는 이들이 있기 마련이다. 그런 그들에게 두 사람의 규율은 너무나 가혹하고 냉정했다. 하지만 두 사람은 이 규율을 철저하게 지켰고, 이를 따르는 이들에게는 확실한 혜택을 주었다.

그들은 알고 있었다. 빈곤의 악순환을 이겨내려면 지금과 같은 패배감과 열등의식, 게으름에서 벗어나야 하고, 최고가 되지 않는 이상 결코 세상과 경쟁할 수 없다는 것을. 그래서 두 사람은 강조한다.

"우리는 지금 영혼을 구원하는 일을 하는 것이 아니라 경쟁력 있는 프로를 만들고 있습니다. 만약 그것을 받아들일 수 없다면 우리도 여러분에게 아무것도 해줄 수 없습니다."

'길을 보여주어야 진짜 리더다'

두 사람의 열정은 학생들의 기술 연마를 위한 투자에서 잘 드러난다. 아기를 안고 공부하러 오는 엄마들이 편히 쉬도록 넓은 현대식 시설을 갖춘 탁아소 시설을 마련했으며, 훈련센터에는 고속 인터넷을 비롯한 최첨단 장비를 갖추었다.

훈련하는 것인데 첨단장비가 필요하겠느냐는 질문에 두 사람은 이렇게 반문한다.

"우리는 자존감이 낮은 빈민가의 학생들에게 최고의 사람이 되어야 한다고 강조합니다. 그들은 최고의 대우를 받을 자격이 있고, 그러려면 당연히 최고의 장비가 필요하지 않겠습니까?"

혹독한 프로그램 속에서도 학생들이 두 사람을 믿고 따른 데에는 두 사람의 솔선수범이 한 몫을 했다. 두 사람은 학생들과 같은 시간에 출근해 함께 땀 흘려 일하는 등 똑같은 하루를 보냈고, 개인 사무실도 없이 학생들의 책상 사이에 똑같은 책상 하나씩을 나누어 썼다. 그러는 틈틈이 공부하고 일하는 이들에게 다가가 그들에게 자신감을 심어주는 것을 잊지 않았다.

원칙과 규율, 혹독한 과정 속에서도 디트로이트 빈민들이 포커스 호프를 믿고 프로그램을 마칠 수 있었던 데에는 엘레노어 조사이티스와 빌 커닝햄의 실천하는 리더십이 가장 큰 힘이 되었다.

올해의 비즈니스 리더십상을 수상한 다음해인 1996년, 빌 커닝햄은 포드자동차 임직원들에게 한 강연에서 이렇게 말했다.

"리더십은 세일즈맨 정신과 같습니다. 사람들에게 비범한 비전을 던져주고, 그들로 하여금 우리는 해낼 수 있다는 자신감을 가질 수 있도록 옆에서 끊임없이 격려해주는 것, 이것이 진정한 리더십입니다."

골리앗을 이기는
다윗의 법칙

약자는 늘 약자여야만 할까

게임의 법칙 전체를 뒤집어 오히려 기업 브랜드를 키우고 성공한 기업이 적지 않다. 그것은 기술의 수명 주기가 짧아지고, 과거에 비해 빠르고 불연속적인 환경의 변화에 적응하려는 그들의 생존전략이었고, 경쟁 구도에서 벗어나 자사만의 가치를 찾으려는 의도였다.

《아웃라이어》, 《티핑 포인트》의 저자인 말콤 글래드웰은 약자들의 승리 전략 중에는 상식을 깨는 과감함이 필요하며, 자신의 약점을 인정하는 것이 상황을 유리하게 이끄는 근간이라고 조언한다.

자신의 약점을 인정하고 상식을 과감히 깬 사례로 인도 출신의 미국 소프트웨어 사업가 라나디베의 일화를 꼽을 수 있다.

그는 1970년 미국 유학 시절, 처음으로 농구 경기를 보면서 엉뚱한 생각을 했다.

'왜 골을 넣으면 곧바로 돌아가 상대 팀이 중앙선을 넘어오기만 기다릴까?'

그는 28미터 되는 농구장 안에서 정작 수비는 자기 팀 골대 주변의 8미터 내에서만 하고 나머지 20미터는 상대 팀이 공격하도록 자유롭게 놔두는 이유를 도저히 이해할 수 없었다. 이런 식이라면 신체 조건이나 실력이 뛰어난 팀이 늘 이길 수밖에 없다고 그는 보았다.

그의 딸이 12살이 되었을 때, 그는 딸이 속한 초등학교 농구팀의 코치를 맡았다. 딸이 속한 팀의 선수들 대부분이 드리블·패스·슛 등을 거의 해본 적이 없는 말 그대로 초짜들이었다. 이런 팀이 지속적으로 훈련하고 기술이 뛰어난 팀과 대등한 경기를 펼칠 수는 없었다. 기존 전술로는 도저히 승산이 보이지 않았다. 약자는 늘 약자에 머물러야만 하는 현실이었다.

생소하지만 그래서 효과적인

그래서 그는 선수들에게 풀 코트 압박 수비를 지시했고, 골을 넣고 나서도 물러서지 말고 상대방 팀 구역에서 공격자를 1 대 1로 집중 마크하라고 지시했다. 이것은 공격을 시작할 때 외각에서 공을 자기 팀의 선수에게 5초 이내에 공을 넘겨주어야 하는 5초 룰, 10초 안에 상대 팀 진영으로 넘어가야 하는 10초 룰을 적극 활용해 상대 팀을 초조하게 함으로써 실책을 유발하게 하는 전술이었다.

그의 지시대로 풀 코트 압박 수비를 하자 그가 맡은 팀은 스타 선수 한 명 없이 예선전에서 연승을 했고, 본선 대회에 올라 2승을 거두는 성과를 냈다. 상대 팀들로서는 너무나 생소한 전술이었고, 당황해서 대처할 방법을 찾지 못했다.

이는 역사적으로도 증명되고 있다. 하버드대 정치학 교수인 이반

아렝귄-토프트가 지난 200년 간 전 세계에서 벌어진 전쟁 중 인구와 군사력에서 10배 이상 차이가 난 약소국과 강대국 간의 전쟁을 분석했다. 그 결과 강대국의 예상 승률은 71.5퍼센트였지만 실제 싸움에서는 약소국이 63.6퍼센트의 승률을 기록한 것으로 나타났다. 1951년 베트남 공산 반군의 프랑스 군 격퇴, 조지 워싱턴이 영국을 상대로 벌인 미국의 독립전쟁도 이 범주에 속한다.

영화 〈아라비아 로렌스〉로 유명한 영국군 장교 로렌스가 제1차 세계대전 당시 사우디아라비아 반도에서 오스만제국 군대를 몰아낸 것도 이와 맥을 같이 한다. 사막 유목민인 베두윈 족 유격대를 조직한 그는 메디나에 진을 친 막강한 오스만 군대와 무모한 정면대결 대신 오스만의 보급선인 철도를 공략하고, 사막을 가로질러 홍해의 요충지인 아카바를 기습하는 등 신출귀몰한 게릴라 작전을 구사해 오스만제국 군대를 몰아냈다. 이런 예는 기업에서도 쉽게 볼 수 있다.

다르게 보면 새로운 길이 보인다

더바디샵은 감성 지향적인 화장품 산업에 역으로 기능을 강조해 성공했다. 아름다움, 희망, 꿈을 판매하는 화장품 산업은 포장과 광고비가 제품 원가의 85퍼센트를 차지한다. 이런 시장에서 더바디샵은 광고는 전혀 하지 않으면서 기존 화장품 병을 재활용하거나 자연성분 등의 기능적인 면을 강조하는 포지션을 취했다. 기존 화장품 시장의 경쟁 구도에서 벗어나 '건강한 삶을 지향한다'는 전략으로 새로운 시장을 창출한 것이다.

창업자인 아니타 로딕은 "더바디샵은 존재하지 않는 욕구를 만들어내는 사람들에 의해 운영된다"고 말했다. "우리는 깨끗하고 윤기 있고 피부와 머리칼을 보호하는 자연제품을 생산하고 판매한다. 하지만 당신을 더 젊게 해주는 제품은 시장에 없다. 그것은 불가능하다. 만약 당신이 더 젊어지고 싶다면 여유를 갖고 살아라"라고 말한 그녀의 경영철학처럼 더바디샵은 자연을 기초로 한 제품을 생산하면서도 동물실험을 하지 않는다는 원칙을 견지하고 있으며, 최소한의 포장, 재사용, 재보충, 재활용을 일관되게 지켜오고 있다.

얼마 전, 도미노피자는 트위터로 이벤트를 진행했다. 트위터의 팔로워 100명 당 1,000원 씩 쿠폰을 지급하는 이벤트로, 시작과 동시에 트위터뿐만 아니라 온라인에 급속히 퍼져 나가 나흘 만에 1,200명이 참여했다. 이 이벤트는 후에 페이스북을 매개로 한 '사랑의 255도'라는 사회공헌 행사로 발전했다. 매주 열린 이 행사는 페이스북 게시판에 주제에 적합한 사연을 응모하면 선정된 단체 및 기관에 피자 차량이 출동해 피자를 배달해주는, 함께 즐기는 양방향 소통 이벤트로 인기를 얻었다.

이 일로 도미노피자는 광고로도 미처 얻지 못한 브랜드 이미지를 세웠을 뿐만 아니라 충성도 높은 고객을 만드는 효과를 거두었다.

지피지기 후에 백전백승하라

중저가 화장품인 더페이스샵·이니스프리 등의 제품과 아모레퍼시픽, LG생활건강에 제품을 공급하고 있는 한국 콜마는 단순한 하청업체에서 벗어나 제품 개발을 주도적으로 마친 뒤, 상품을 주문자에게 공급하는 ODM(제조업자 개발 생산) 방식을 고수해오고 있다. 물론 상표는 주문자의 것을 부착하지만 연구 개발, 설계, 디자인은 반드시 한국 콜마의 몫이다. 수탁 개념으로 제품을 생산해 납품하던 기존 유통 체계를 다변화시킨 것이다.

1990년대 초 필름 카메라로 국내에 진출했다가 쓴맛을 본 올림푸스는 2000년 다시 국내 시장에 발을 들여놓으면서 카메라를 단순히 기계가 아닌 문화로 보급하는 독특한 전략을 폈다. 그리고 그 전략은 들어맞았다. 디지털 개념이 생소한 국내에 감성을 무기로 한 마이 디지털 스토리라는 디카 문화를 소비자들에게 각인시키며 새로운 시장을 뚫어 경쟁 업체들이 불황에 빠져 있을 때도 오히려 매출이 급증했다.

결론적으로 약자는 자신의 약점은 무엇인지, 어떤 역량을 갖고 있는지, 기존 강자에 의해 짜인 틀을 어떤 방식으로 흔들어 놓아야 하는지 고민해야 한다.

전쟁에서 승리하는 최선의 길은 싸우기 전에 이기는 것이다. 하지만 싸우기 전에 이길 수 없고, 골리앗과의 싸움이 버겁다면 방법을 찾으면 된다. 당신이 골리앗이라는 두려움 때문에 머뭇거리는 사이에 누군가는, 이름도 낯선 기업은 자신의 위치를 알고, 어디에 자리해야 할지를 알고 이를 행동으로 옮긴다.

시장은 골리앗의 덩치나 창검보다 다윗의 돌멩이 하나로 판세가 뒤바뀔 수 있음을 결코 잊지 말아야 한다.

줄이는 것이 오히려
효과적이다

'꼭 011이 아니어도 좋습니다'

1999년 전, SK텔레콤은 신세계통신을 합병하면서 시장점유율이 57퍼센트로 커졌는데, 당시 정보통신부는 시장점유율을 50퍼센트 이하로 낮추는 조건으로 인수를 허용했다. SK텔레콤으로서는 이동전화 가입자를 받아서는 안 되는 상황에 직면했다. 이미 시장점유율이 50퍼센트를 넘어선 상황이라 광고에 판매를 촉진하는 메시지를 담을 수도 없었다. 이때 SK텔레콤이 착안한 고육책이 광고카피에 그대로 나타났다.

'꼭 011이 아니어도 좋습니다.'

경쟁사들이 파는 데 급급한 때에 SK텔레콤은 소비자들이 자사의 상품을 사지 않아도 좋다고 광고한 것이다.

속사정을 모르는 이들은 '부자가 배부른 소리를 한다'며 웃어넘겼지만 SK텔레콤의 속은 새까맣게 타들어 갔다. 아이러니하게도 이 기상천외한 발상은 오히려 SK텔레콤의 상품 이미지를 높여주었고, 불량 가입자들을 솎아내는 이중효과까지 가져왔다.

많이 만들고 더 많이 파는 것이 우선시 되는 시대에 줄인다는 개념은 생소하게 다가온다. 하지만 공급과 수요를 조절해 균형을 이루고자 할 때, 또는 공급을 확대하기가 힘들거나 수익성이 떨어진다고 여겨질 때 이와 같은 방법을 사용한다. 이를 '서서히 줄이다'는 뜻의 디크리스(decrease)와 마케팅(marketing)을 합쳐 디마케팅(demarketing)이라고 부른다.

이 용어는 경영학자인 필립 코틀러가 1971년에 처음 사용한 개념으로, 장기적인 관점에서 기업 이미지를 향상시켜 수익성을 높임으로써 이윤을 높이는 데 기여하고자 하는 의도를 담고 있다. 무조건적인 확장보다 내실이 우선이라는 것이다.

'체리 피커를 골라내라'

일반적으로 디마케팅은 매출이 발생하지 않는 불량고객을 솎아내는 데 초점을 맞춘다.

또한 마케팅 및 브랜드 전략의 일환으로 특정 시장이나 시간대에 소비가 급속도로 증가하거나 수익률이 낮은 상품의 소비를 줄일 때, 또는 제품의 희소성을 강조해 수요를 조절할 필요가 있을 때 디마케팅을 사용한다. 하지만 이 경우 반드시 장기적인 전략을 갖고 일관성을 유지해야 한다. 특정 고객을 돈이 없다는 이유로 차별할 경우 그 고객은 물론 잠재고객으로부터 역풍을 맞을 수 있기 때문이다.

"그렇다면 어떤 고객을 어떻게 골라 솎아내야 합니까? 일관성을 유지하라고 했는데, 그 기준은 무엇입니까?'

이렇게 묻는다면 대답은 간단하다.

"체리 피커를 골라내십시오."

체리 피커란 맛있는 체리만 골라 먹는 얌체 같은 사람을 일컫는 말로, 기업의 상품을 구매하거나 서비스를 이용하는 실적은 떨어지면서도 자신의 이익은 꼬박꼬박 챙기는 소비자를 지칭한다. 홈쇼핑에서 경품을 노리고 대량 주문한 후 당첨되지 않은 상품을 반품하는 이들이 이에 속한다.

디마케팅을 활용하는 이유는 크게 세 가지로 나눌 수 있다.

첫째는, 수익성을 제고하기 위해서다. VIP를 대상으로 한 프라이빗 뱅킹, 우량고객에게만 할인쿠폰이나 카탈로그를 발송하는 등 충성도 낮은 고객에게 투자하는 마케팅 비용을 줄이는 대신 충성도 높은 고객에게 최대한 집중하는 것이다.

둘째는, 공익성을 강조하기 위해서다. 맥도날드는 자사 햄버거의 비만 논쟁에 맞서는 전략으로 '어린이는 일주일에 한 번만 오세요'라고 광고했고, 강원랜드는 도박중독자를 양성한다는 사회적인 비난을 덜어내기 위해 도박중독센터를 열어 무료상담을 실시했다.

마지막은, 이미지를 제고하는 데 목적을 두고 있다. 에르메스의 버킨백은 3년을 기다려야 구매할 수 있는 명품으로 알려져 있는데, 이는 수요와 공급을 조절함으로써 상품의 가치를 높인 대표적인 사례다. 루이비통도 맥을 같이한다. 루이비통은 여행객이 파리 본점에서 제품을 구매하면 그 고객의 여권번호를 입력해둠으로써 1년에 한 품목만 구입하도록 하는 한정판매 방식을 철저히 지키고 있다.

거슬려도 함부로 버리지 마라

국내 기업들이 디마케팅에 주목하는 가장 큰 이유는 마케팅 부문의 리스크를 최소화하기 위해서다. 최근 세계 경제 성장률이 떨어지고 국내 경제의 불확실성이 커지면서 국내 기업들은 재무구조를 개선하고 사업구조를 조정하는 등 위험관리 체계를 강화하고 있다. 이 일환으로 마케팅 부문의 위험 요소인 불량고객을 퇴출하고 이로써 기업의 부실화를 막고자 하고 있다. 이는 국내 기업들의 경영 목표가 단순한 양이 아니라 질적 가치로 변화하고 있음을 의미한다.

아울러 디마케팅은 자원관리의 효율성을 높이는 데 매우 유용하다. 기업은 불량고객을 관리하는 데 따르는 자원을 우량고객에게 집중함으로써 비용 절감 효과를 얻을 수 있다. 최근 인터넷 포털 업체들은 잠자는 아이디와 활동이 부진한 커뮤니티를 폐쇄하고 있다. 이는 시스템을 증설하는 데 따른 추가 부담을 줄이고, 시스템 안정성이 떨어지면서 인터넷 속도까지 저하되고 아이디까지 고갈되는 문제를 사전에 방지해 우량고객에게 양질의 부가서비스를 제공하기 위해서다.

하지만 아무리 효과적인 전략이라도 위험 요소는 반드시 도사리고 있기 마련인데, 디마케팅 역시 그렇다.

불량고객의 범위는 손실을 미치는 정도에 따라 차이가 날 수 있지만, 불량고객과 어떤 관계를 유지할 것인가가 문제다. 수익성이 없는 고객과의 관계를 단번에 중지할지 아니면 유예기간을 두고 불량고객의 추이를 지켜볼지 신중하게 따져야 한다.

그 고객과 관계를 지속하기로 결정할 경우 어떻게 그 고객의 수익성을 개선시킬지 대안을 내놓아야 하는데, 이 또한 만만한 일이 아니다. 이를 위해 기업은 특정 고객에게 정책의 정당성을 설득시켜야 한다. 만약 사전 합의 없이 일방적으로 몰아가거나 고객이 납득하지 못할 경우 자충수가 되기 쉽다.

퇴출된 고객의 관리에도 주의를 기울여야 한다. 현 시점에서는 이익이 없는 고객일지라도 향후 우량고객으로 전환될 가능성이 있으므로 장기적인 관계를 유지하고 있어야만 한다.

디마케팅은 일반적인 마케팅 전략과 달리 자사 상품의 이미지를 높이고 마케팅을 최적화하는 효과가 있지만 자칫 고객의 저항을 받을 수 있다. 아무리 효과적인 방법이라도 어떻게 활용하느냐에 따라 전혀 다른 결과를 낳을 수 있다. 따라서 디마케팅 전략을 적용할 경우 차별적이고 효율적인 아이디어로 기존 고객들과의 관계를 지속적으로 유지하는 방법을 찾아야 하며, 당장 명품으로 인식시키려는 근시안적인 사고에서 벗어나 기존 수익구조를 점검하고 개선함으로써 기업의 가치를 높이는 지혜가 절실하다.

스티브 잡스가
남기고 간 것

'완벽하지 않으면 내놓지 마라'

2011년 9월 9일, 미국 CBS의 공식 트위터인 왓츠트랜딩에 '스티브 잡스가 세상을 떠났다'는 기사가 실렸다. 트위터망으로 전 세계에 퍼진 이 기사는 세계 최고의 오보로 판명되었다. 하지만 이는 전 세계적으로 스페셜리스트인 스티브 잡스의 위상과 영향력을 여실히 보여주었다. 뛰어난 창의력과 기술력으로 애플을 세계 최고의 기업으로 올려놓은 그가 당시 건강상의 이유로 애플의 최고경영자 자리에서 물러났기에 오보 기사는 충격을 더했을 것이다.

IT 세계의 패러다임을 바꾼 스티브 잡스. 그는 여러 분야에서 발군의 능력을 발휘했다. 디지털과 유비쿼터스 기술을 융합했고, 소비자의 다양해진 라이프스타일과 욕구를 충족시켜준 점도 그중 하나다. 그래서 애플의 최대 경쟁사인 구글의 에릭 슈밋 회장은 '지난 100여 년을 통틀어 최고의 경영자'라며 그에게 찬사를 아끼지 않았다.

같은 달 시사주간지 《뉴스위크》는 '잡스 십계명'을 소개했다. 애플의 성공 신화를 이룬 스티브 잡스의 성공 철학을 10가지로 요약한 것이다.

그 첫째는 '완벽하라'다.

애플 직원들은 모두 밤을 새워야 했다. 작은 부품 결함 때문이었다. "아이팟 연결 부분이 완벽하지 못하다"고 지적한 잡스의 말 한 마디에 직원들은 이어폰 잭 부분을 전부 교체해야 했다. 아이팟을 출시하기 하루 전 일이었다.

우리가 아는 한 애플은 좀처럼 실패하지 않는다. 그러나 실상은 그렇지 않다. 2008년 여름, 애플은 3세대 통신망에서 돌아가는 모블미를 선보였다. 그러나 이메일 싱크 기능을 가지고 있는 모블미는 실적이 신통치 않았다. 아이폰에 칭찬 일색이었던 사용자들의 리뷰도 모블미에 대해서만은 냉정했다.

스티브 잡스는 우리가 아는 것처럼 관대한 사람이 아니었다. 그는 모블미를 소개하는 이벤트가 끝나자마자 모블미 팀을 회의실로 불러들였다.

회의실은 긴장감에 휩싸였다. 그는 여느 때처럼 검정색 터틀넥 셔츠와 청바지 차림으로 회의실에 들어섰고, 두 손을 깍지 낀 채 간단한 질문을 던졌다.

"모블미가 도대체 뭔지 알려줄 분 있습니까?"

어느 누구도 이 질문에 답하지 못했다. 그러자 그는 책임자들에게 30분간 질책을 쏟아냈고, 분노를 서슴없이 드러냈다.

"여러분이 애플의 명예를 더럽혔습니다. 서로 실망시켰으니 서로 증오해야 합니다."

그 자리에서 그는 모블미 부문의 최고책임자를 해고했다.

스티브 잡스가 그랬듯이 애플은 완벽을 추구하기 위해 냉혹하고 가차 없으며 책임감이 강한 기업이다. 그만큼 결정 또한 신속하다.

'안에서 할 수 있는 일은 안에서 하라'

'전문가를 활용하라.' 이것이 잡스의 두 번째 계명이다. 그는 컴퓨터 시스템인 넥스트의 로고를 디자인하려고 중국계 미국 건축가인 I. M 페이를 고용했다. 애플 스토어를 출범할 때는 쇼핑 패턴과 히트상품을 정확하게 예측한 마키 드렉슐러를 경영자로 영입했다.

다음은 '냉혹한 판단을 내려라'다. 잡스의 질책 이후 모블미 팀의 책임자들은 대부분 회사에서 쫓겨났고, 남아 있는 이들은 모블미를 잡스가 요구하는 대로 만들었다. 잡스는 결단해야 할 때는 누구보다 냉정했고 과감했다.

포켓용 컴퓨터인 팜 파일럿을 개발할 때도 그랬다. 팜 파일럿을 한창 개발 중이던 때 잡스는 휴대전화가 PDA를 대체할 것이라고 판단했고, 그 즉시 아이팟 개발로 전환했다. 많은 경비와 인력을 들인 팜 파일럿을 과감하게 포기한 것이다.

넷째는 경영자들이라면 누구나 반드시 참고해야 할 말이다. '외부 전문가에게만 의존하지 말라'가 그것인데, 이를 이해하기 위해서는 애플의 독특한 기업문화를 살펴봐야 한다.

"우리가 보여주기 전까지는 사람들은 자신이 원하는 것을 알지 못한다."

잡스는 제품의 성공 가능성을 외부 전문가에게만 의지하지 않았다. 그는 어느 누구보다 앞장섰고, 조직원들에도 책임감을 강조했다. 그

는 매주 월요일에 경영팀을 만나 회사의 경영실적과 전략을 논의했
고, 중요한 프로젝트를 직접 검토했다. 수요일마다 진행하는 커뮤니
케이션 회의에도 빠짐없이 참석했다.

애플에는 DRI라는, 책임을 의미하는 독특한 내부 용어가 있다. DRI
는 '직접적으로 책임을 가진 개인(Direct responsible individual)'을 의
미한다. 담당 책임자의 이름이 어젠다에 등장하므로 누가 어떤 일을
맡고 있는지 모두들 알게 된다. 프로젝트 책임자와 연락해야 할 경우
애플 내부에서는 으레 이렇게 묻는다.

"누가 그 팀의 DRI죠?"

'히트 상품에 안주하지 마라'

다섯째는 '연구를 멈추지 말라'다. 잡스가 애플 브로슈어를 제작할 때
일이다. 그는 소니가 사용한 브로슈어를 참고했는데, 이에 그치지 않
고 폰트, 배치, 심지어 종이 무게까지 연구했다. 그의 끊임없는 연구
자세가 세계적인 명품을 만든 셈이다.

다음으로 잡스는 '간결하라'고 지적했다. 잡스의 디자인 철학은 간
결함이었다. 아이팟 초기, 시제품을 만들 때 그는 전원 버튼을 포함한
모든 버튼을 없애라고 지시했다. 이에 디자인 팀이 들고일어났다. 그
들은 잡스가 자신들의 디자인을 무시한 데에 항의했다. 그러나 이를
계기로 아이팟의 상징인 원형 스크롤을 개발했다. 이후 이 정신은 애
플을 아우르는 핵심 구조로 작용했다.

애플의 조직도를 보면 상당히 직관적이다. 다른 기업에서 흔히 볼
수 있는 구조 구성이나 책임 관계도와는 전혀 다르다. 애플에는 위원

회라는 것이 없다. 일반적인 조직관리 개념도 없다. P&L, 즉 이윤과 손실로 나타나게 될 비용과 지출을 관장하는 부문의 경우 최고재무책임자가 한 명뿐이다. 여느 기업이라면 이윤과 손실을 경영자의 책임으로 돌릴 만큼 중요하게 여긴다. 하지만 애플은 이윤과 손실을 재무책임자가 신경 써야 하는, 회사 조직의 업무 중 하나로만 보고 있다.

'반드시 말하지 말아야 할 것이 있다'

'비밀을 지켜라.' 이것이 스티브 잡스의 일곱 번째 계명이다. 스티브 잡스의 특징을 언급할 때 디테일에 대한 집중, 끊임없는 피드백과 함께 비밀주의가 자주 등장한다. 스티브 잡스 자신도 그랬지만, 애플 직원들은 애플의 비밀을 어느 누구에게도 말하지 않는다. 이런 철저한 비밀 유지가 애플이 성공 신화를 쓰는 데 밑거름이 되었다는 것은 두말할 나위가 없다.

5만 명이 넘는 직원과 1,000억 달러가 넘는 매출, 그리고 60퍼센트가 넘는 성장률은 어떻게 이루어졌을까? 어떻게 히트 제품을 연달아 낼 수 있었을까?

"애플은 어느 정도까지 장기 전략을 갖고 있습니까?"

2010년 1월, 월스트리트의 분석가들이 스티브 잡스에 이어 애플의 최고경영자로 임명된 팀 쿡에게 물었다.

그 질문에 쿡은 교묘하게 답변을 회피했다.

"글쎄요. 그것도 애플이 가진 마술의 일부죠. 우리의 마술을 아무에게도 알리고 싶지 않습니다. 누군가 복제하게 될 테니까요."

마술사가 자기만의 트릭 기술을 공개하지 않는 것을 빗대어 애플의 비밀 유지 철칙을 대변한 것이다.

애플의 전 직원들이나 현 직원들을 인터뷰한 기사를 보면, 그들은 전통적인 기업을 조롱하고 애플을 신생 첨단 업체로 표현하는 데 주저하지 않는다. 물론 그들의 말 중에는 반드시 잡스가 등장한다. 애플에 재직하고 있든 그만두었든 그들에게 스티브 잡스의 영향력은 대단했다. 잡스를 보스 중의 보스라고 불러도 과언이 아닐 정도다.

잡스는 자신의 부재 시 애플의 동요를 염려해 최고경영자로 재직하는 동안 애플이 나아갈 방향을 꼼꼼하게 설정해놓았다. 그리고 7년간 3번의 병가, 췌장암과의 싸움, 간 이식 수술 중에도 애플의 중요한 사안은 모두 관여했다.

이는 로케이션 게이트 문제에서 분명하게 드러났다. 애플이 아이폰 사용자들의 위치를 추적한다는 주장이 일었고, 잡스는 자신이 그 기술 개발에 직접 관여했다고 말했다. 이 문제 때문에 회사 안팎에서 애플의 이미지가 떨어질 것이라는 우려가 적지 않았다. 그런데 이 문제는 스티브 잡스가 자신의 경영 방식을 얼마나 전략적으로 시스템화하는지 보여주는 예이기도 하다.

창의적인 아이디어로 무장한 경영자, 모든 결정에 따른 책임을 질 줄 아는 경영자, 자신의 건강보다 회사의 안녕을 먼저 생각하는 경영자와 함께 하기에 애플 직원들 역시 비밀 유지에 철저한 것인지 모른다.

'팀은 되도록 작고 효율적으로'

조직론을 언급할 때 그는 늘 '팀을 작게 운영하라'고 강조했다.

그는 "부서가 많다고 시너지가 생기는 것이 아니다"고 말했다. 이는 애플의 운영 체계에 그대로 나타난다. 애플의 매킨토시 개발팀은 100명에 불과했다. 100명을 초과하지도 않았다. 101번째 직원을 고용했다면 개발팀 100명 중 누군가는 자리를 비웠다는 의미다.

팀을 작게 운영하는 또 다른 예로 'TOP 100' 연찬회가 있다. 잡스는 매년 사흘 동안 은밀한 연찬회를 개최했다. 이 연찬회에는 소수의 애플 직원들이 참석했다. 연찬회 참여자들은 달력에 연찬회 일정을 표시하지 말 것을 요구받는다. 그들 간에 오가는 사전 논의조차 금지되어 있다. 연찬회에 참석하는 것 또한 애플에서 제공하는 버스로 애플 본부에서 출발해야 한다. 자가운전은 허용되지 않는다.

연찬회는 캘리포니아 센터 크루즈에 있는 샤미나드 리조트에서 열린다. 이곳은 음식이 훌륭하면서도 골프 코스는 없어야 한다는 잡스의 요구 사항을 충족시켜주었다. TOP 100이 열릴 때는 리조트 내 회의실의 모든 전자장비를 제거했다. 경쟁사의 스파이를 차단하려는 일환이었다.

이 연찬회는 잡스에게 중요한 경영관리 수단이었다. 잡스는 연찬회 무대에서 자신의 비전을 애플의 차세대 리더들과 나누었다. 이 사흘간의 연찬회는 애플의 향후 경영을 좌우하고, 회사 내의 전통을 만드는 연례행사다. 잡스의 핵심인사들은 이 연찬회를 애플이 어디로 향하고 있는지 알릴 중요한 기회로 삼기도 한다. 잡스는 이 연찬회에서 중대한 구상을 밝히기도 했는데, 애플 내부에서조차 몰랐던 아이패드를 그 자리에서 공개한 바 있다.

일반적으로 이 연찬회는 잡스가 개인적으로 맡아 진행했다. 여느 때의 제품 발표회보다 잘 짜인 세션별 프레젠테이션이 시작된다. 이 순서를 맡은 담당자에게는 상당한 고역이 아닐 수 없을 것이다.

한 가지 재미있는 사실은 TOP 100 참석자들은 잡스가 지명했는데, 애플 직원들 중 지위 고하를 막론하고 무작위로 지명했다. 이들 TOP 100의 명단은 영구적이지 않다. 참석자는 오직 잡스의 선택일 뿐이며, 언제든지 탈락과 입회를 반복했다. 그들은 그곳에 초대되었다는 사실에 긍지를 갖는다. 소수에 선택되었다는 것만으로도 그들에게는 영광이었다.

애플은 설립한 지 35년을 넘었다. 하지만 아직도 중요한 프로젝트를 추진할 때는 정예요원들만 투입하는 신생 기업 같은 형태를 보이고 있다. 아이패드용 사파리 브라우저 코드를 작성한 프로그래머는 단 2명에 불과하다. 이는 다른 프로젝트에서도 마찬가지였다.

2010년, 한 기술 컨퍼런스에서 잡스는 이렇게 말했다.

"애플에는 인력과 자금이 별로 없습니다. 우리가 성공하는 이유는 올라탈 말을 신중하게 고르기 때문입니다."

'견본이라도 최선을 다해 만들어라'

상벌에 있어 잡스는 '채찍보다 당근을 앞세우라'고 강조했다. 잡스는 매몰차기로 유명했지만, 이런 카리스마가 조직원들에게는 동기부여로 작용했다. 한 예로, 매킨토시 개발팀은 3년간 일주일에 90시간을 일하지만 팀 구성원들 중 어느 누구도 중노동에 시달린다고 생각하지 않는다. 회사와 자기 일에 대한 자부심은 물론 성과에 따른 혜택이 분명하기 때문이다.

마지막 계명은 '견본 제품이라도 최선을 다해 만들어라'다. 잡스는 하드웨어, 소프트웨어는 물론 애플 스토어까지 최상의 상품을 공개한다는 마음으로 만들었다고 말했다. 이는 애플 본사 근처의 비밀 물류 센터에서 견본 제품을 만드는 데 1년 이상 걸렸다는 점에서도 잘 드러 난다.

'십계명'을 보면 스티브 잡스가 얼마나 완벽한 승부사였는지 알 수 있다. 그런 그가 지금은 전 세계 사람들의 가슴에 고이 묻혀 있다. 경 쟁이 치열한 IT 지형에서 그가 바꾼 업적과 성과는 헤아리기가 힘들 다. 어쩌면 앨런 도이치맨이 쓴 스티브 잡스 평전 《스티브 잡스의 재 림(The Second Coming of Steve Jobs)》에서처럼 잡스는 메시야처럼 우 리에게 다가와 복음과 같은 IT 전설을 들려주고 우리 곁을 떠났는지 도 모른다.

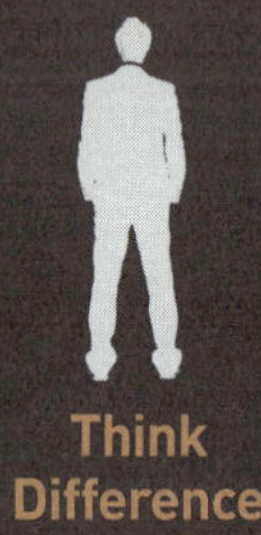

Think
Difference

Part 2

명품은 저절로 생기지 않는다

그들은 알려준다.

가장 특별한 성공은

누구나 당연하게

여기는 문제,

가장 일상적인

곳에서부터

시작한다는 것을.

엘불리에서 맛보는 창조적 루틴

엘불리의 요리를 맛보셨습니까

엘불리를 아는가? 이름도 낯선 이 레스토랑은 프랑스의 저명한 여행 가이드북인 《미쉐린 가이드》가 선정하는 세계 최고의 레스토랑에 4년 연속 1위를 차지하고 있다. 2009년, 800명의 주방장과 레스토랑 비평가들이 참가한 '세계 베스트 레스토랑 50' 투표에서도 1위를 차지했다.

스페인 바르셀로나에서 북쪽으로 160킬로미터 떨어진 산자락에 위치한 엘불리는 협소한 공간에 '50석 정도의 테이블이 놓여 있고 규모도 그다지 크지 않아 세계 최고의 레스토랑이라는 명성이 무색할 정도다. 이런 엘불리를 전 세계적인 레스토랑 반열에 오르게 한 데는 수석 셰프인 페란 아드리아의 역할이 매우 컸다.

1961년에 시작한 엘불리는 페란 아드리아가 수석 셰프가 된 2000년부터 최고의 명성을 얻었다. 세계 미식가들은 그가 만드는 요리를 맛보려고 최소 2개월 전부터 예약해야 하는데, 2년 전에 예약하는 이들도 적지 않다고 한다. 더욱이 이 레스토랑은 1년에 6개월만 오픈하는데, 예약하기 위해서는 1,000 대 1의 경쟁률을 뚫어야 할 정도다. 1년에 100만 명이 예약하고 그중 8,000명만이 요리를 맛보는 행운을 누릴 수 있다.

베끼는 요리에서 창의적인 요리로

페란 아드리아는 스페인의 작은 마을인 카스텔데펠스의 한 레스토랑에서 접시 닦는 일로 요리사의 첫 발을 내딛었다. 당시 그는 여느 젊은이들처럼 용돈을 벌어 휴양지에서 여름을 보내고 싶은 꿈으로 가득했고, 요리가 천직이거나 세계적인 셰프가 되겠다는 포부는 품지도 않았다. 그런 그가 훗날 멘토이자 스승인 미구엘을 만난 것은 큰 행운이었다.

"그는 매우 엄격한 분으로, 자신에게나 요리사들, 주변 사람에게 요구하는 것이 많았다. 그렇게 크게 소리 지르고, 그렇게 자주 화내는 셰프는 본 적이 없었다. 그는 자신이 일하는 방식에서 조금이라도 어긋나면 불같이 화를 내고, 소리 질렀으며, 절대적인 정확성을 요구했다. 만일 1분이라도 늦으면 자신이 무슨 일을 저질렀는지 그 즉시 깨닫게 해주었다."

그는 미구엘에게서 정확성과 요리를 정해진 시간 안에 해내야 하는 이유를 깨달았다고 회상했다. 그가 엘불리의 수석 셰프가 되기까지 큰 영향을 주었고, 650여 가지의 스페인 요리 조리법이 실려 있는 500페이지 분량의 두꺼운 요리책을 선물한 사람도 미구엘이었다.

그러나 젊은 시절의 방황기와 창의적인 요리에 대한 갈증은 그를 한 장소에 붙들어 놓지 못했다. 식당을 이곳저곳 떠돌았고, 그러다 보니 급료도 제대로 받지 못하기 일쑤였다. 이러는 와중에 해군에 입대한 그는 레스토랑에서 일한 경험을 인정받아 주방에 배정받았다. 그가 엄청난 양의 음식을 동시에 해결하는 방법을 배운 것도 군대에서였다.

제대 후 그는 엘불리에서 주방 보조로 다시 일을 시작했는데, 그 당시 엘불리는 《미쉐린 가이드》에서 별 2개를 받고 있었다. 당시 스페인에 제일 높은 점수인 별 3개를 받은 레스토랑은 없었다. 더구나 세계적인 셰프는 거의가 프랑스 사람으로, 스페인 셰프가 세계적인 수준에 오른다는 것은 상상도 할 수 없는 일이었다. '미식(美食)은 프랑스 사람들이나 하는 거야. 스페인 사람에게 요리란 한 끼 식사를 먹는 것일 뿐이야'라는 말은 그뿐만 아니라 모든 스페인 요리사들의 숙명이었다.

그러던 어느 날, 한 요리 코스가 그에게 충격을 주었다. 그것은 당시 세계적인 셰프로 창의성이 돋보였던 자크막시앵의 요리였다. 그때부터 그는 '베끼는 요리사'에서 '창의성 있는 요리사'로 탈바꿈한다.

"우리는 곡을 만들고 손님은 연주한다"

2011년 세계 미식가 대회에 초대된 그는 모든 언론으로부터 요리의 마술사, 혁명가, 천재로 불리며 주목을 한 몸에 받았다. 그도 그럴 것이 이 대회의 하이라이트는 '엘불리의 과거와 현재'라는 그의 강연이었다. 강연 도중 청중들은 〈엘불리의 하루〉라는 다큐멘터리를 감상했는데, 주요 메시지는 '우리는 1년 내내 창조한다'와 '창조가 일상화되어야 한다'는 것이었다.

"창의성이란 무엇입니까?"

기자가 그에게 물었고, 그는 이렇게 답했다.

"창의성이란 베끼지 않는 것입니다."

전 세계 미식가들은 엘불리의 요리를 창조적이라고 칭찬하는데, 여기에는 수석 셰프인 그의 집념과 몰입이 있었기에 가능했다. 지금도 그는 최고의 요리 작품들을 만들기 위해 1년 중 6개월만 레스토랑 문을 열고 10월부터 이듬해 3월까지는 문을 닫는다.

"왜 돈 잘 벌리는 식당을 비영리 재단으로 바꾸고 싶어 하시죠? 손님을 더 많이 받고 지점도 내면 돈을 긁어모을 수 있을 텐데요?"

강연을 마친 후 기자회견 자리에서 한 기자가 엘불리의 운영에 관해 그에게 물었다. 이 질문에 그는 만면에 미소를 띠며 이렇게 답했다.

"매우 합리적인 지적입니다. 하지만 셰프로서 가장 중요한 것은 행복하느냐 하는 것입니다. 내가 행복하지 않으면 요리를 잘할 수 없고 손님을 행복하게 할 수 없습니다. 요리로 행복을 누리는 저는 새로운 도전에 나섰습니다. 인생에서 가장 얻기 어려운 것은 완벽한 자유로, 재능 있는 이들에게 완벽한 자유를 주고 싶습니다."

요리를 할 때 어떤 생각을 하느냐는 질문도 있었고, 그는 서슴없이 대답했다.

"엘불리의 주방에는 과학적인 도구가 없습니다. 있는 것은 오직 20명이 함께 하는 40개의 손뿐입니다. 요리는 테크놀로지가 아니고 정성이 깃든 손으로 만드는 것입니다. 우리는 곡을 만들고 손님들은 그 곡으로 연주를 합니다."

그는 요리사와 손님의 관계를 작곡가와 오케스트라에 비유하며 창의적인 발상의 근원을 언급했다.

“세계 곳곳을 여행하며 새로운 재료와 요리, 아이디어를 찾아낸 후 바르셀로나에 있는 저만의 음식 연구소에 틀어박혀 음식의 독특한 질 감, 향 등을 얻기 위해 연구와 실험에 몰두합니다. 이러는 과정을 거 쳐 과학적인 원리를 접목시킨 요리들을 개발하는 데 성공합니다. 새 로운 한 해의 코스 요리 메뉴를 확정할 때까지 최소한 5,000개 이상 의 실험 요리를 쓰레기통에 넣습니다. 그렇게 결정된 200개의 요리가 다음해 엘불리의 새로운 메뉴판을 장식합니다.”

우리가 찾아야 할 창조적 루틴

평범한 것이나 고정관념에 빠져 헤매지 않도록 늘 경계한다고 말하는 페란 아드리아. 그의 성공에 바탕이 된 고집스러운 철학을 들여다보 면 최근 시사용어로 널리 쓰이는 ‘창조적 루틴’이 떠오른다. 루틴이란 특정한 일을 실행하기 위한 일련의 컴퓨터 프로그램 명령으로, 정해 진 순서나 일상적인 과정을 의미한다. 창조적인 아이디어는 갑자기 나오는 것이 아니라 일상 속에서 무엇을 선택하고 무엇에 집중하느냐 에 달려 있다.

창조적으로 짜인 루틴 속에서 탄생한 엘불리의 요리에는 어느 누구 도 흉내 낼 수 없는 경쟁력이 숨어 있다. 엘불리가 세계적인 레스토랑 으로 인정받는 데는 해마다 문을 닫는 6개월 동안 끊임없는 연구 끝 에 전 세계 미식가들이 놀랄 만한 새로운 요리를 선보이기 때문이다. 그것을 맛보고 배우려고 전 세계 사람들이 적게는 2개월, 길게는 2년 의 예약을 감수하고서라도 그곳을 찾는 이유도 여기에 있다. 창조성 이 엘불리의 핵심이자 경쟁력인 것이다.

그리고 〈엘불리의 하루〉에서처럼 최고가 된 레스토랑과 수석 셰프의 일상적인 과정을 배우기 위해 경영자들이나 기업 경영의 해법을 찾는 이들이 먼 걸음을 마다하지 않고 엘불리를 찾고 있다. 1년 내내 창조하는 엘불리의 특별한 경쟁력이 어떻게 일상화되었는지, 그리고 일상화된 창조가 어떻게 특별함을 유지하는지 그 비결을 알고 싶기 때문이리라.

마스터스는 어떻게
최고가 되었는가

마스터스에 오신 걸 환영합니다

해마다 4월이면 인구 20만 명에 불과한 미국 조지아 주 오거스타 시에 이보다 많은 30만 명에 달하는 관광객이 몰려든다. 당연히 숙소 구하기는 하늘의 별따기고, 인근 골프장은 연초에 예약이 동이 날 정도다. 이런 특수는 적어도 1억 달러 이상의 직접적인 경제 효과를 유발하는데, 이는 미국 최고의 스포츠인 프로풋볼의 결승전인 슈퍼볼 못지않은 엄청난 규모다. 오거스타 시가 이렇게 들뜨는 것은 이곳에서 마스터스가 열리기 때문이다.

마스터스를 오늘날 지구촌 골프계 최고의 메이저 대회 중 하나로 키운 것은 변하지 않는 두 가지 고집 때문이다. 그 두 가지는 철저한 고객관리와 자신의 가치를 돋보이게 하는 전략이다.

20만 인구의 소도시 오거스타는 시민보다 많은 관광객과 갤러리들의 소비로 들썩인다. 조지아 주와 오거스타 시 당국은 마스터스가 열리는 기간 동안 대기업 대표들을 초청해 마스터스 관람과 인근 골프장 라운딩을 주선하는 프로그램을 진행한다. 투어가 끝나면 그들과 투자 상담과 직원 채용 협상을 벌이는데, 지난 15년간 이 프로그램으로 조지아 주에 1만 5,000개의 일자리가 창출되었다.

마스터스에는 아무나 출전할 수 없고 아무나 볼 수 없다는 점 때문에 대회 참가 선수나 갤러리들 모두 대회가 열리는 오거스타내셔널 골프장에 참가했다는 사실을 무한한 영광으로 느낀다. 이 대회에서는 갤러리를 패트론이라고 부르는데, 약 4만 명의 패트론은 40년 전에 이미 마감되었으며, 이후 사망자가 생겨야 다른 사람에게 기회가 넘어간다. 더구나 200달러에 달하는 티켓은 암표시장에서 4,000달러, 유명 골프선수가 경기할 때에는 최고 1만 달러를 호가한다.

골프장 안에는 바가지요금이 없다. 커피는 1달러, 수입 맥주는 3.75달러면 구입할 수 있다. 스폰서도 없고, 일체의 상업행위도 금지된다. 또한 선수들에게는 자존감을 한껏 높여주지만 패트론에게는 뛰어다니는 자유도, 휴대전화를 소지할 자유도 허용되지 않는다.

명품은 저절로 만들어지지 않는다

마스터스에는 경영자와 마케터들이 되새겨봐야 할 전략들이 곳곳에 숨어 있다.

첫째는, 이 대회만의 수입 내 지출이다.

다른 대회와 달리 이 대회는 타이틀 스폰서도 없고 매년 총상금도 정해놓지 않는다. 다른 골프장에서 흔히 볼 수 있는 기업 로고들도 걸려 있지 않은데, 이는 오로지 골프에만 집중하라는 의도다. 총상금은 TV중계료와 입장권 수입, 기념품 판매 등을 결산해 대회 최종일에 발표한다. 대회의 수입에 따라 상금을 결정하는 것으로, 2010년에는 총 상금 750만 달러에 우승 상금이 우리 돈 16억 원에 달하는 135만 달러였다.

두 번째로 짚을 것이 마스터스만의 신비주의와 완벽주의다.

구성(球聖)이라 불리는 불세출의 아마 골퍼 보비 존스가 조성한 오거스타내셔널 골프장은 아무나 회원이 될 수 없고 아무나 들어갈 수 없는 폐쇄적인 골프장이다. 이를 증명이라도 하듯 골프광인 빌 클린턴 전 미국 대통령조차 회원이 되고 싶어 했지만 퇴짜 맞은 일화는 지금도 유명하다.

현재 마스터스 회원은 300명으로 2002년에 최초로 회원을 공개한 바 있었는데, 이들 중에는 제34대 미국 대통령을 지낸 아이젠하워 · 마이크로소프트를 창업한 빌 게이츠 · 잭 웰치 전 GE 회장 · 세계적인 골프선수인 아놀드 파머 등의 이름이 올라 있었다.

회원과 동반하지 않으면 정문조차 통과할 수 없으며, 1990년 이전까지는 흑인의 입회조차 불허할 정도였다. 지금도 여전히 여성은 단 한 명도 회원으로 받아들이지 않고 있기 때문에 여성단체들이 중계방송사인 CBS에 광고하는 기업들의 제품을 사지 말자는 불매운동을 벌이기도 했다. 이 때문에 골프장은 2003년, 2004년에 CBS 측으로부터 중계권료를 받지 않고 광고 없이 방송을 내보내기도 했다.

TV중계의 경우 1년 단위로 계약하는데, 보통 1,000만 달러다. 마음만 먹으면 1억 달러 이상을 받을 수 있음에도 불구하고 중계권료 협상은 일체 하지 않으며, 광고도 한 시간에 4분이며 극소수의 기업만 선정된다. 이는 이 대회를 TV로 지켜보는 골프 마니아들이 반복적인 광고에 시달리지 않고 차분하게 경기에 몰입하도록 한 것으로, 이 때문에 마스터스에 대한 관심은 더욱 높아졌다.

물론 최근에는 신비주의와 폐쇄주의에서 벗어나려는 새로운 변화가 보이고 있다. 2007년부터 개막 전날 이벤트인 파 3 콘테스트를 TV로 중계하고 있다. 게임업체인 EA스포츠와 계약을 맺어 오거스타 골프장을 비디오게임에 사용할 수 있도록 했다. 아울러 2012년 대회에는 연습 라운드와 1라운드에서 4라운드까지의 입장권 일부를 사상 처음으로 인터넷으로 공개 판매하는 등 파격적인 정책을 펴기도 했다.

더 충격적인 것은 지금까지 굳게 닫혀 있던 여성 출입 금지 원칙을 도마에 올렸다는 점이다. 여성 회원은 단 한 명도 받아들이지 않던 관행을 깨고 IBM의 첫 여성 최고경영자인 지니 로메티를 회원으로 받아들여야 할지 갑론을박 중이다.

최고를 만들고, 최고를 선사하라

스폰서도 없고 광고도 없으면서도 최고로 인정받는 희귀한 성공학. 마스터스는 4개의 메이저 골프 대회 중 역사가 가장 짧으면서도 이를 자신만의 특별한 차별성과 브랜드로 극복했다. 다른 메이저 대회가 장소를 옮겨가며 개최하는 것과 달리, 마스터스만은 1934년에 창설한 이래 오거스타내셔널 골프장 한 곳에서만 열리며, 엄격한 코스 관리와 체계적이고 완벽한 대회 운영으로 최고 메이저 대회의 권위와 명예를 누리고 있다. 여기에 권위와 명성을 이용해 엄청난 수익을 거둘 수 있음에도 불구하고 돈과 결부시키지 않은 것도 주목할 만하다.

이처럼 고집스러울 정도의 브랜드 관리는 마스터스를 최고의 메이저 대회로 만든 요인 중 하나가 되어 오히려 해마다 엄청난 수익을 몰고 오는 효과를 낳고 있다. 불특정 다수를 상대하기보다는 핵심 고객을 확보하고 이들에게 차별화된 고품격 서비스를 제공하는 것도 유념할 만하다.

시대 흐름에 맞추어 마스터스의 고집스러움도 조금씩 벗겨지고 있지만, 여전히 전 세계 사람들은 해마다 4월이면 최고를 만나고 보기 위해 조지아 주의 오거스타 시에 눈과 귀를 집중한다. 최고를 만들고, 최고들이 모여들고, 최고의 드라마를 선사하는 것. 스스로 명품이 되고자 하는 노력이 마스터스의 고집이고, 이것이 전 세계 골프 마니아들을 사로잡는 힘이다.

그들은 왜 할리데이비슨을 고집할까

'할리를 가진 사람들'

미래의 마케팅은 어떤 모습일까? '마케팅의 아버지'로 불리는 경영학자 필립 코틀러는 그의 저서 《마켓 3.0》에서 미래의 마케팅은 고객과 함께 만들어가는 공동창조와 커뮤니티를 선물하는 공동체화, 기업에 인격을 부여하는 캐릭터 구축으로 이루어진다고 말했다. 기업이 독주하던 과거와 달리 미래에는 고객에게 주권이 넘어가며 그 핵심은 기업과 고객 사이, 고객끼리의 연결성이라고 주장한다.

그는 고객 자신이 주인이 되고 고객들이 자발적으로 커뮤니티를 만드는 공동체화 전략을 언급하면서 할리데이비슨의 라이더 커뮤니티인 HOG를 예로 들었다. '할리를 가진 사람들(Harley Owners Group)'의 모임인 HOG에는 100만 명이 넘는 열혈 마니아들이 있으며, 오토바이 라이더라면 누구나 이곳에 가입하고 싶어 한다.

할리데이비슨은 독보적이고 위력적인 브랜드로 위세를 떨치고 있다. 100년이 넘는 역사를 자랑하는 할리데이비슨은 전 세계 모든 남성들의 로망이자 야생의 욕망을 자극하는 매력적인 브랜드다. 그래서 '할리를 가진 사람'은 남성이라면 누구에게나 바라는 꿈이기도 하다.

할리데이비슨은 1903년 자전거 공장에서 일하던 윌리엄 할리와 철강회사에서 근무하던 아서 데이비슨에 의해 탄생했다. 이들은 자전거를 보다 편하게 탈 수 있는 방법을 궁리하다가 서로의 노하우를 접목해 엔진 달린 모터사이클 할리데이비슨을 만들었다.

이후 이들은 의기투합해 할리데이비슨 컴퍼니를 창립했고 제1차 세계대전을 맞아 급성장했다. 전쟁의 와중에도 뛰어난 성능과 품질을 입증받은 할리데이비슨을 전장에서 돌아온 이들이 다시 찾으면서 2만여 대의 생산량에서 1920년에 2만 7,000여 대를 생산하는 세계 최대의 오토바이 회사로 우뚝 섰다.

그 후 1974년 7월 4일, 4,000명의 오토바이광들이 캘리포니아의 홀리스터라는 작은 마을에 모여 할리데이비슨을 타고 술을 마시며 보낸 사건이 언론에 보도되어 유명세를 탔다. 그리고 영화와 드라마 등에서 주인공이 할리데이비슨을 멋있게 타고 있는 모습이 자주 노출되면서 할리데이비슨은 젊은 세대들에게 길들여지지 않는 청춘의 상징으로 여겨졌다. 할리데이비슨만 봐도 가슴이 뛰는 문화 코드로 자리 잡은 것이다.

'할리를 타는 나는 남자다'

남성들과 젊은이들이 할리데이비슨에 열광하는 이유로 소리, 자존감, 앞서 언급한 HOG를 꼽을 수 있다.

먼저, 할리데이비슨의 배기음은 일반 오토바이들과는 달리 '오토바이의 원형은 말'이라는 생각에 기초해 말발굽 소리를 재현했다. 사용자는 이 소리로 황야를 질주하는 카우보이를 자신에 투영한다. 여기에 거대한 몸짓과 낮은 안장, 일명 만세 핸들이라 부르는 핸들과 결합되면서 남성의 마초적인 욕망을 충족시켜주었다.

'나만의 모터사이클'을 디자인할 수 있다는 점도 할리데이비슨만의 가치를 돋보이게 한다. 할리데이비슨만의 옵션 · 주문 제작 시스템은 컬러에서부터 날개는 어떤 형태로 달지, 무늬는 어떻게 들어가고 어떤 글자를 새길지 고객이 직접 결정할 수 있다. 내 것을 만들어가고 세상에 둘도 없는 나만의 것이라는 독특한 경험 때문에 할리데이비슨을 찾는 사람들은 단순히 성능 좋고 기능 좋은 바이크를 구입하러 오는 것이 아니라 개성을 사러 온다고 말한다.

자신이 애용하는 제품에 자신만의 스타일을 만들어낼 수 있는 할리데이비슨의 독특한 시스템은 라이더들의 마음을 사로잡기에 충분하다. 게다가 할리데이비슨은 의류, 잡화, 생활용품까지 생산해 고객의 모든 욕구를 충족시키는 서비스를 제공하고 있다.

마지막 이유로 할리데이비슨의 매력을 아는 이들의 집합체인 HOG 커뮤니티를 들 수 있다. 현재 HOG는 전 세계 128개국에서 130만 명이 회원으로 가입해 있으며, 우리나라에는 약 1,200명이 여기에 가입하고 있다. 주목할 것은 HOG가 할리데이비슨의 통제를 받지 않고 순수하게 회원들끼리 운영하는 모임이라는 점이다. 회원들이 자체 규율을 정하고, 이를 지키며, 건전하고 안전한 바이크 문화를 만든다.

HOG의 활동은 기본적으로 함께 타는 즐거움과 자부심 그리고 소속감이라는 욕구를 채워준다. 할리데이비슨을 경험하며 축적된 정보와 스타일을 자유롭게 공유하고 나누는 온라인 커뮤니티는 더 많은 열정과 시간을 할리데이비슨에 쏟게 한다.

고객 스스로 움직이게 하라

할리데이비슨은 각광과 환호를 받으며 역경 없이 롱런만 했을까? 그렇지 않다. 1980년대에 들어서면서 일본의 혼다, 스즈키, 야마하의 추격을 받으며 시장점유율이 20퍼센트까지 추락했다. 창립 이후 처음으로 적자를 겪고 부도 위기에 몰렸던 1983년, 할리데이비슨을 타는 이들이 '라이딩하고, 즐거움을 만끽하자(To ride and Have fun)'를 모토로 그들만의 결속력을 강화하는 '할리를 가진 사람들'을 결성했다. 절대적인 충성도를 가진 고객들이 자발적으로 한데 모인 것이다.

이 모임으로 끈끈한 동질감을 갖게 된 이들 중에는 대기업의 임원도 있었다. 이들은 몸에 문신을 새기고 가죽점퍼를 걸친 후 할리데이비슨의 건재함을 보여주기 위해 랠리에 나섰다. '독수리는 홀로 비상한다'는 캐치프레이즈는 그들의 남성성과 저항정신을 부각시켰다. 심한 침체 속에서도 할리데이비슨이 재기에 성공한 것은 이들의 대규모 랠리와 각종 부대행사, 바이크 교육 등이 큰 몫을 했다.

여기서 주목할 점은 자사의 브랜드를 알리고 고객에게 주입시키려고 많은 돈을 들이기보다는 고객이 직접 할리데이비슨이라는 브랜드를 각인하고 그들 스스로 그 브랜드 이미지를 키울 수 있도록 접근했다는 점이다. 더구나 할리데이비슨은 제품과 고객의 감정선을 잇는 부분에 초점을 맞추고 고객이 원하는 것에 귀를 기울이는 전략을 취했다. 물론 할리데이비슨의 디자인과 엔진, 독특한 진동감이 남성들의 본능적인 욕망과 자기만의 개성을 지키고 싶은 욕구를 대변해준다는 점도 빠트릴 수 없을 것이다.

미래의 마케팅, 그리고 할리데이비슨

2011년 방송된 할리데이비슨의 광고 '우리는 없다(No cages)'는 우리 안에 갇힌 것처럼 꽉 짜인 일상생활에서 벗어나 할리데이비슨으로 잊고 있었던 꿈과 자유를 향해 거침없이 달리라고 유혹한다. 고객의 숨어 있는 욕망을 건드린 것이다.

광고에는 전화를 걸고, 운전하며, 산책하고, 차를 마시고, 정류장에서 버스를 타는 평범한 일상생활이 보인다. 하지만 이 장면을 보는 사람들은 당연했던 일상이 거대한 우리였음을 깨닫는다. 이때 수려하고 매력적인 할리데이비슨이 나타난다. 그것은 자유다. 어디론가 시원하게 달리고 싶은 욕망을 강하게 두드린다. 그런 후 'build your bike, build your freedom'라는 자막이 뜬다. 나만의 바이크를 만들고, 나만의 자유를 찾아 떠나라고 권한다.

지면광고의 카피는 철학적인 메시지까지 담고 있다. 창 밖 할리데이비슨을 바라보는 한 남자 등에 다음과 같은 카피가 시선을 끈다.

'언젠가, 언젠가 그걸 해야지. 월, 화, 수, 목, 금, 토, 일… 보았는가? 언젠가는 없다. 바로 지금이 탈 때다.'

할리데이비슨은 모든 남성들에게 숨어 있던 욕망을 일깨워주었다. 그들이 타는 것은 오토바이 중 하나가 아니라 바로 할리데이비슨이고, 할리데이비슨이 파는 것은 오토바이가 아니라 자유와 자존감이다.

할리데이비슨을 오늘날과 같은 반열에 오르게 한 것은 HOG라는 충성고객들이고, 할리데이비슨은 잠재고객에게까지 새로운 인격을 부여하고 있다. 필립 코틀러가 강조한 것처럼 미래의 마케팅은 고객 자신이 주인이 되고 그들이 커뮤니티를 만드는 것이다. 그 선두에 할리데이비슨이 있고, 모든 남성들을 가슴 뛰게 하는 자유가 있다. 그렇게 할리데이비슨은 명품이라고 선전하기보다는 소비자 스스로 명품의 가치를 직접 체험하고 만들게 하고 있다.

그들의 진짜 마음은
무엇일까

에이비스는 No.2로 성공한 렌터카 회사다. 이 회사는 자신의 위
치를 인정하는 광고로 사람들의 시선을 끌어 모았다.
'에이비스는 렌터카 업계에서 2위입니다. 그래서 우리는 더 열
심히 노력합니다.'
2등이기에 더 열심히 한다는 진솔한 자기 고백은 오히려 렌터카
1위 업체인 허츠를 앞서는 결과를 낳았다.
이후 ITT라는 회사가 에이비스를 인수했고, 광고 테마를 새롭게
바꾸었다.
"에이비스는 1위가 되고자 합니다."
하지만 결과는 참패였다. 에이비스가 아무리 허츠를 앞섰다고
해도 소비자들의 마음속에는 여전히 허츠가 1위로 자리매김하
고 있었기 때문이다.

일하는 곳을
놀이터로 바꾸어라

'상상의 놀이터'가 된 아이디오

매년 90여 개의 신제품을 디자인하고 지금까지 3,000여 개 이상의 제품을 개발한 아이디오(IDEO)라는 회사가 있다. 삼성 · 애플 · 마이크로소프트 · P&G 등 세계 일류 기업들을 파트너로 하고 있으며, 애플이 내놓은 최초의 컴퓨터 마우스나 폴라로이드의 즉석카메라 · 아이보리 비누 · 크리넥스 등 전 세계에서 잘 팔리는 제품의 디자인 대다수가 아이디오에서 기획, 개발한 것들이다.

이를 입증이라도 하듯 미국의 경제지인 《패스트 컴퍼니》는 아이디오를 세계 최고의 디자인 회사로 선정했고, 《비즈니스위크》는 아이디오에 10년 연속해서 산업디자인 대상을 수여했다. 또한 《월스트리트 저널》은 이 회사의 사무실을 '상상의 놀이터'라 명명했고, 경제지 《포춘》도 아이디오를 '이노베이션 유니버시티'라고 불렀다.

아이디오는 어떤 회사이기에 세상에서 가장 잘 팔리는 제품 디자인을 쉬지 않고 양산해내는 걸까? 이 회사의 역량은 무엇이고, 어떤 훈련과 방식으로 창의성을 높여갈까?

1978년 스탠포드대학에서 제품 디자인을 전공한 데이비드 켈리는 첨단기업들이 몰려 있는 실리콘밸리의 심장부 팔로알토의 한 의류상가에 작은 방 두 칸을 얻어 의기투합한 디자이너 4명과 함께 사무실을 열었다. 이후 자신의 이름을 딴 데이비드 켈리 디자인으로 회사명을 바꾸고, 설립한 지 10년 되던 해인 1991년에는 런던의 모그리지 어소시에이츠, 샌프란시스코의 아이디 투, 팔로알토의 메트릭스와 합병하면서 세계적인 디자인 기업으로 재탄생했다. 그것이 오늘날의 아이디오다.

열정이 넘치는 회사를 만들어라

아이디오가 오늘날 최고의 디자인 기업으로 부각되고 벤치마킹 대상이 되는 이유를 찾을 때 흔히 그 회사에 천재적인 디자이너가 있어서가 아닐까 짐작하기도 한다. 하지만 사실은 다르다. 정답은 분위기다. 아이디오에는 창의적인 작업 분위기를 만들어내는 특유의 방식이 있고, 이것이 천재성을 뛰어넘는 최고의 디자인을 창출해낸다.

아이디오 직원들의 일하는 방식, 조직 구조, 근무환경, 사무실 인테리어 등은 기존 회사들과 전혀 다른, 이노베이션 그 자체다. 창업자의 동생이자 현재 아이디오의 대표이사를 맡고 있는 톰 켈리는 그의 저서 《유쾌한 이노베이션》에서 이렇게 말한다.

"이노베이션은 팀, 열정, 테크놀로지, 일터, 우연, 모험, 재미, 경쟁, 비전 등이 함께 어우러져 일어난다. 틀에 박힌 딱딱하고 괴로운 작업이 아니라 놀이처럼 즐기는 가운데 뛰어난 창의적인 성과가 꽃피는 것이다. 최고의 회사가 되기를 원한다면 이노베이션 기업 문화를 회사에 뿌리내려 신나는 일터이자 진지한 놀이터로 만들어라. 회사 직원들이 창의적인 사람이 되기 위해서는 회사의 분위기 조성이 무엇보다 중요하다."

아이디오는 자유롭고 창의적인 분위기를 만드는 일환으로 누구든 언제 어디서나 자신의 아이디어와 의견을 자유롭게 내놓을 수 있도록 했으며, 기존 기업들이 안고 있는 구태의연한 스탠더드 원칙은 모두 버렸다. 사무실 환경은 직원들 스스로 자신의 개성에 맞게 마음대로 디자인하고 꾸미도록 했다.

이런 분위기에서 아이디오는 팀 위주의 작업을 선호한다. 한 팀은 12명에서 20명까지 다양한데, 일단 과제가 주어지면 팀 전원이 문제 해결에 매달리고, 더불어 한 사람이 아이디어를 독점하는 것은 절대 허용하지 않는다. 팀 작업은 상호 신뢰와 우호적인 분위기에서 이루어지는데, 모두가 자신의 아이디어를 자유롭게 내놓고 공유한다.

기업으로부터 제품 의뢰가 들어오면 그 제품 디자인을 맡은 팀은 시장조사부터 시작한다. 그리고 미래 사용자의 일상생활을 세심하게 관찰한다. 그 관찰 결과를 토대로 아이디어를 떠올리고 견본을 만들어낸다. 아이디오가 P&G로부터 의뢰받은 어린이용 칫솔 프로젝트의 경우 아이디오 팀은 어린이들이 주먹을 쥐듯이 칫솔을 잡는다는 사실을 알아냈고, 어른용 칫솔보다 손잡이 부분이 훨씬 굵은 칫솔을 개발했다.

아이디오의 창조적인 분위기는 회사에 붙어 있는 글에서도 드러난다.

- 고객과 고객이 아닌 사람을, 특히 팬을 관찰하라.
- 직원과 방문자에게 긍정적인 신체 언어를 전할 수 있도록 사무실 공간에 활기찬 분위기를 불어넣어라.
- 당신의 제품과 서비스를 제공할 때 명사가 아니라 동사를 생각하라. 이것은 당신의 회사 혹은 브랜드와 접촉하는 모든 사람들에게 놀라운 체험을 제공한다.
- 규칙을 깨뜨리고 성공하기 위한 실패를 하라. 변화는 문화의 일부이며, 사소한 좌절은 언제나 일어나는 일이다.
- 먼저 인간을 생각하고 조직 내부 환경을 손질하라.
- 이 부서 저 부서, 당신의 회사와 잠재 고객, 현재와 미래 사이에 다리를 놓아라.

아이디오에서 배우는 유쾌한 이노베이션

아이디오의 혁신적인 이노베이션은 기업 브랜드를 드높이는 성과를 거두었고, 다른 기업들에게 부러움과 벤치마킹의 사례가 되고 있다. 이는 국내 기업들에게도 마찬가지다. 하지만 겉으로 드러난 성과에만 매달려서는 아이디오와 같은 회사를 만들 수 없다. 이 회사가 오늘날과 같은 성과를 이루기까지 일관되게 지켜온 혁신적인 철학을 읽지 못하는 한 그것은 허울에 불과하다. 이 회사의 유쾌한 이노베이션을 벤치마킹하고 싶다면 이들이 지켜오고 있는 네 가지를 결코 놓치지 말아야 한다. 그것이 우리가 아이디오의 성공에서 배워야 할 핵심이기도 하다.

첫째, 에너지를 발산하는 열정적인 팀을 만들어라. 아이디오는 뚜

렷한 목표와 문제를 해결하기 위해 팀을 짤 때는 그 팀에 가장 적합한 팀원을 구성하는 등 세심할 정도로 신경을 기울인다. 하지만 팀을 구성한 후에는 모든 권한과 결정을 그 팀에 일임하는 등 팀에 한없는 신뢰를 부여한다. 이에 따라 팀은 주인의식을 갖고 일할 수 있으며 회사라는 갇힌 틀에서 벗어나 자유롭게 상상하고 활동할 수 있다.

둘째, 고객의 입장에서 고객이 고민하는 사소한 문제까지 놓치지 마라. 아이디오는 "이노베이션은 눈에서 시작한다"고 주장하고 다양한 프로세스로 놓치기 쉬운 점들을 반드시 체크하도록 하고 있다.

셋째, 프로토타이핑은 최대한 신속하게 처리하라. 프로토타이핑이란 원형, 견본 또는 이것을 만드는 행위를 뜻하는 것으로, 아이디어를 실제로 재현해보는 것이다. 아이디오는 머릿속으로만 생각하거나 그림으로 보여주지도 말고, 직접 손으로 만지고 볼 수 있도록 견본으로 제작하라고 지적한다. 아이디오의 창업자가 주장한 '무엇이든 만들어라', 그리고 '직접 몸으로 체험하라'는 여전히 아이디오의 핵심 철학으로 이어져 오고 있다.

마지막으로, 틀에 벗어나 자유롭게 일할 수 있는 업무 분위기를 조성하라. 아이디오는 이노베이션이란 특별한 공간이나 특별한 사람에 의해 이루어지는 것이 아니라 일터가 곧 이노베이션이며, 일하는 사람들이 자신의 일터에서 문제나 장벽을 뛰어넘어 해결하도록 하는 것이 이노베이션의 시작이자 끝이라고 강조한다.

강요하기보다
마음을 움직여라

공중화장실의 남자 소변기 앞에는 '남자가 흘릴 것은 눈물만이 아닙니다'라는 문구가 한때 유행했다. 하지만 이 문구는 더 이상 먹히지 않았다. 너무나 자주 본 탓에 경각심이 생기지 않고, 오히려 강요처럼 여겨지기까지 한 까닭이다.

그래서 그 문구를 없애고, 소변기 안에 파리 한 마리를 사실적으로 그려 넣었다. 그러자 그 그림이 그려진 소변기 앞에 선 남자들마다 시선이 자연스럽게 그곳에 멈추었고, 그 '파리'를 맞추다 보니 소변기 바깥으로 흘릴 일이 없어졌다. 누가 강요한 것도 아니었다.

특별히 강요하지 않아도 그렇게 하도록 자연스럽게 유도하는 것, 이것도 마케팅의 일환이다.

게토레이는
포카리스웨트와 다르다

이온음료 시장에 뛰어든 게토레이

마케팅에서 선점은 엄청난 장점이 아닐 수 없다. 우리가 나이 들어서도 첫사랑을 기억하는 것처럼 사람들은 1등만 기억하려 한다. 그래서 세계에서 제일 높은 봉우리는 기억해도 그 다음의 봉우리, 달나라에 첫 발을 내디딘 첫 번째 우주비행사는 기억해도 그 다음에 내린 사람은 기억하지 못한다. 이런 현상을 인지장벽이라고 부른다. 1등 외에 2등은 기억하지 않는 것이다. 기업 경영도 마찬가지다.

이 같은 현상은 포카리스웨트와 게토레이의 싸움에서 볼 수 있다. 소비자는 한 카테고리만 기억하는 경향이 있다. 콜라는 코카콜라, 초코파이 하면 오리온, 유기농은 풀무원이 먼저 떠오르듯이 포카리스웨트는 이온음료 시장에서 절대강자였다. 1980년대 중반, 포카리스웨트는 거대 이온 시장의 선두주자로 위세가 대단했다. 이온음료 하면 포카리스웨트라는 이미지가 포지셔닝되어 있었다.

따라서 이온음료 시장에 후발주자로 나선 게토레이로서는 난감했을 것이다. 시장은 철옹성을 두른 것처럼 포카리스웨트라는 장벽이 너무나 거대했기 때문이다. 그래서 게토레이는 포카리스웨트에 정면으로 맞서 싸우기보다는 차별화라는 또 다른 카테고리를 만들었다.

게토레이는 '물보다 빠른 음료'를 모토로 소비자의 인식을 바꾸어 그 틈새를 파고 들어가는 전략을 구사했다. 남양유업이 커피믹스 시장에 진입하려고 건강을 거론하며 소비자의 마음을 흔들어놓듯이, 피로회복제 시장에 뛰어든 비타500이 의약품으로 시장을 선점한 박카스와는 달리 피로회복제 음료로 자리 잡은 것처럼.

절대강자였던 코카콜라의 딜레마

게토레이는 후발주자가 되어 포카리스웨트가 일구어놓은 경쟁 무대에 뛰어들지 않았다. '물보다 흡수가 빨라야 한다'라는 카피에서처럼 적을 포카리스웨트로 보지 않고 물로 삼아 갈증 해소 음료라는 새로운 시장을 일구었다. 경쟁사의 강점을 순식간에 약점으로 둔갑시킨 것이다.

펩시콜라가 코카콜라와 싸울 때도 이와 유사했다. 코카콜라는 미국 전역에 자판기를 설치해 어디서든 코카콜라를 마실 수 있도록 했다. 시장 지배자의 강점을 최대한 살린 것이다. 이때 펩시콜라는 코카콜라를 추격할 여력이 없는, 경쟁조차 할 수 없는 후발주자에 불과했다.

이에 펩시는 '한번 구매하면 끝까지 마시는' 소비자의 라이프스타일을 간파하고 코카콜라와 같은 값에 두 배 용량의 페트병을 출시하며 시장점유율을 높여갔다. 코카콜라는 이에 대응하기 위해 같은 용량의 페트병을 출시하려고 했지만 이 경우 기존 자판기와 생산라인을

전면 교체해야만 하는 난관에 부딪히고 말았다. 후발업체와 경쟁하자
니 자사가 그간 누리고 있던 강점들을 포기해야 하는 딜레마에 빠진
것이다. 늘 강점이라고 생각했던 것이 한순간에 가장 큰 약점이 되고
만 것이다.

베네수엘라 초콜릿을 사지 않는 이유

이 점과 관련해 하버드대 경영대학원 교수이자 브랜딩 전문가인 로히
트 데쉬판데는 2010년 12월 《하버드 비즈니스 리뷰》에 기고한 〈왜 베
네수엘라 초콜릿은 사지 않는 걸까〉에서 후발 브랜드가 선도자와 경
쟁하는 필살기를 전수해주고 있다.

그는 이 기고문에서 '원산지의 역설'이라는 생소한 단어를 내놓았
다. 이는 '상품을 처음 출시한 나라가 그 상품의 최고 품질을 자동적
으로 인정받고 그 후 출시된 다른 나라의 제품 가치는 낮게 평가되는
현상'을 말한다.

베네수엘라 기업인 엘레이는 최고급 품질의 초콜릿 원료인 카카오
를 수출하고 있다. 스위스의 린트나 벨기에의 고디바 등 세계 최고 품
질을 자랑하는 초콜릿은 모두 엘레이에서 수출한 카카오를 이용해 만
든다. 심지어 엘레이의 카카오 원료는 30퍼센트의 프리미엄 가격이
붙을 정도로 시장에서 그 가치와 품질을 인정받고 있다. 그러나 정작
엘레이가 자체 초콜릿 제품을 생산해 세계 시장에 출시했을 때 다른
제품보다 품질이 뛰어나고 가격도 훨씬 저렴했음에도 시장 반응은 싸
늘했다.

만약 당신이 소중한 사람에게 선물할 초콜릿을 고른다면 스위스 산

과 베네수엘라 산 중에서 어느 제품을 사겠는가? 대부분의 사람들은 가격이 비싸더라도 스위스 산을 살 것이다. 왜 그럴까? 그것은 스위스·벨기에 등 유럽산 초콜릿이 최고라는 인식이 강하게 자리잡고 있기 때문이다.

아무리 품질이 뛰어나도 브랜드 및 원산지의 역설에서 밀리니 제 가격을 받을 수 없고 가격 경쟁으로 승부를 하려니 질 낮은 제품으로 오인되는 악순환이 이어진 것이다.

나만의 블루오션을 찾고 선점하라

로히트 데쉬판데 교수는 저렴한 가격의 브랜드로 출발했다고 하더라도 점차 고급화된 브랜드로 진화해가고, 제품 및 브랜드의 특징을 부각시켜 소비자의 관심을 제품 자체로 돌리라고 권유한다. 그 예로 멕시코 맥주 코로나를 들고 있는데, 이 맥주는 원산지인 멕시코를 부각시키기는 대신 프랑스 발리 해변에서 마시는 맥주로 브랜딩 콘셉트를 잡아 독일 맥주를 앞섰다. 휴대전화 시장의 후발업체인 애플은 기존 3세대 휴대전화가 점거한 시장을 스마트폰 시장으로 전환시켜 오히려 스마트폰 시장의 표준이 된 것도 유념해볼 만하다.

기업들 간의 경쟁 구도는 갈수록 더 복잡해지고 있다. 선두주자와 후발주자의 싸움도 더욱 치열해질 것이다. 이럴 때일수록 아무리 후발주자라도 적절하고 효과적인 전략으로 블루오션을 만들어 간다면 충분히 경쟁력을 갖출 수 있을 것이다.

이미 선점해 있는 시장에서 경쟁한다고 위축되거나 포기할 일은 아니다. 오히려 시장의 틈새를 잘 읽고 포지셔닝만 잘한다면 선두주자가 갖지 못한 혜택을 누릴 수 있다. 거기에 선두주자가 만들어 놓은 시장을 발판으로 할 수 있다는 장점도 있지 않은가. 후발주자라고 이 인자에만 머물러야만 하는 것은 아니다. 그리고 굳이 선두주자의 길을 좇기보다는 선두주자의 시행착오와 오류를 활용해 새로운 길을 만들 수 있다. 게토레이가 포카리스웨트와는 다른 지점에서 자신만의 영역을 일구었듯이.

발칙한 상상은 바로 앞에 있다

생각을 바꾸면 세상이 바뀐다

세계적인 명상가 잭 콘필드는 그의 저서 《깨달음 이후 빨랫감》에서 삶을 역으로 바라보는 역순환 인생에 대해 언급했다. 죽음을 기정사실화하고 이로부터 거꾸로 추산해 양로원에서 20년을 살고, 그 다음 연금생활을 즐길 만한 수명이 남을 때까지 40년 동안 일하고, 대학을, 고등학교를 순차적으로 들어가고⋯⋯. 그는 역으로 따져본 인생을 소재로 상상의 나래를 펼쳤다. 이렇게 원칙과 순리를 벗어나거나 반전을 일으키는 행위를 '발칙한 상상'이라 부르고 싶다.

성공한 기업들은 이 발칙한 상상에 힘을 모으거나 투자에 인색하지 않다. 혼다의 경우 모두가 하나의 장소에 모여 직무, 연령, 성별에 상관없이 자신의 의견을 자유롭게 말하는 왁자지껄한 미팅 시스템을 상설화하고 있다. 여기서는 가만히 있는 것을 용서하지 않으며, 그럴 경우 퇴석을 요구받기도 한다. 이 미팅은 사흘 낮, 사흘 밤 동안 호텔이나 연수원에서 이어진다.

첫날에는 자신의 이야기를 하고 싶어 논의가 절정에 이르고, 둘째 날에는 다른 사람의 의견을 이해하는 데에 주력하며, 마지막 날에는 논의를 거쳐 창조적인 아이디어가 도출된다. 그런데 놀라운 것은 이 정리되지 않을 것 같은 회의에서 의외로 신선한 아이디어가 나온다는 점이다. 이렇게 장기간 논의를 거듭하면서 표면적인 것이 사라지고 혼다만의 가치를 고객에게 줄 수 있게 된다.

상사가 없는 가운데 2, 3일 동안 끝장토론을 진행하는 GE의 '워크타운 미팅'이나 1년에 한두 차례는 1주일 동안 일상적인 일에서 벗어나 한 가지에만 집중적으로 생각할 수 있도록 하는 마이크로소프트의 '생각주간'도 같은 범주라고 할 수 있다.

시작은 평범했지만 그래서 더욱 특별해진 발칙한 상상으로 성공한 사례는 이들 거대 기업이 아니라도 흔하게 볼 수 있다.

누구나 알지만 설마 했던 그 순간

그 대표적인 예가 특별하지 않은 캐릭터로 특별하게 성공한 뽀로로다. 전 세계 110여 개 나라에 라이선스와 판권을 수출하고 캐릭터 상품부터 테마파크까지 설립해, 경제적인 효과까지 포함하면 총 5조 원이 넘는 수익을 거두고 있는 캐릭터의 지존 뽀로로. 우는 아기도 웃게 만든다는 유아들의 영원한 친구 뽀로로는 어떻게 만들어졌을까?

알고 보면 어처구니없고, 왜 아무도 그런 생각을 하지 못했을까 싶을 정도다. 뽀로로를 보면 유아들이 좋아하는 키 높이로 구성했고, 유아들을 빼닮은 결코 특별하지 않은 캐릭터와 구성으로 채워져 있다. 유아들이 흔히 접하는 평범한 이야기와 이해하기 쉬운 대사, 템포가지 유아들의 이야기를 그대로 담고 있다. 폭력적이고 자극적인 메시지와 캐릭터가 판치는 애니메이션 시장에 뽀로로의 답답할 정도로 유아들의 눈높이에 맞춘 이야기는 신선한 자극으로 다가온다.

승자가 독식하는 대형 할인점 업계에 반란을 일으킨 타깃도 빼놓을 수 없다. 전 세계 대형 할인점 업계의 지존인 월마트의 경우 매장의 외관과 분위기, 공급망을 관리하는 기술, 소비자와 상품 공급자에게 접근하는 방식, 나아가 확장 전략은 타의 추종을 불허한다. 이 틈새에서 시작한 타깃은 초기의 전통적인 할인점과 다를 바가 없었다. 더구나 월마트라는 거대 공룡과는 경쟁조차 할 수 없는 규모였고, 유통망도 너무나 미약했다.

하지만 타깃은 매장을 운영하면서 자신들만의 특별함이 무엇인지, 미국인이 원하는 쇼핑은 무엇인지부터 고민했다. 그리고 마침내 승자 독식의 선두에 선 월마트가 알려진 것만큼 그렇게 뛰어나지 않다는 사실을 알아냈다. 월마트의 기본적인 시스템은 해가 지나도 변하지 않았고, 고객들의 불만을 해결하려 노력하거나 새로운 경험 규칙을 개발하는 데 게으르다는 것을 알아낸 것이다.

타깃은 월마트의 견고한 경험 규칙인 '높이 쌓아 두고 날개 돋친 듯 팔게 하는' 것과 고객들의 행동을 고려한 상품 배치 사이에서 해법을 찾으려고 했다. 그 결과 착안한 것이 편안한 매장 분위기였다. 매장의 구조와 브랜드, 광고 판촉에 이르기까지 모든 요소가 쇼핑 요소와 관계되도록 뜯어고쳤고, 모든 영역에 디자인 요소가 연관되도록 했다.

고객의 시선이 닿는 곳을 말끔하게 정리하고, 시각적으로 선명하게 만들 뿐 아니라, 바닥을 청결하게 유지하는 매장 재창조 작업에 들어갔다. 브랜드는 도발적인 느낌이 들게 했으며, 자문위원들이 지적하고 제시한 의견을 경청하고 실행하는 데 최선을 아끼지 않았다. 이런 노력으로 타깃은 싸구려상품을 최저가격에 판매하는 것이 아니라 질 좋은 상품을 적절한 가격에 판매하는 그들만의 경영 방식을 구축했다.

2008년, 당시 타깃의 최고경영자인 보브 울리히는 자사의 새로운 경험 규칙을 이렇게 말했다.

"월마트의 전략은 여러 측면에서 우리 전략보다 과학적이다. 그들은 낮은 가격과 대량 유통에 집중한다. 지옥과 같은 경쟁이다. 그러나 우리는 그들보다 혁신과 디자인 그리고 품질에 더 많은 비중을 두는 전략을 택했다."

누구나 알고 있지만 설마 하고 있던 상상을 타깃이 실현하는 동안 미국의 대형 할인점 업계에 놀랄 만한 일이 두 가지 일어났다. 2004년 매장 단위 면적당 매출 증가율에서 타깃이 처음으로 월마트를 앞섰으며, 한때 미국의 대표적인 유통업체인 시어스와 K마트가 파산이라는 돌아오지 못할 강을 건넌 것이다.

카카오톡에서 찾아야 할 것

거대 이동통신사와의 전쟁을 단 한 방으로 승리한 카카오톡도 그렇다. 스마트폰이 확산되면서 무료 메신저가 인기를 끌 것이라는 점은 누구나 예측했다. 그러나 이통통신사 어느 곳도 수익성이 떨어진다며 뒷짐 지고 있을 때 그 빈틈을 파고든 것이 카카오톡이다.

막강한 자본과 인력을 보유한 이동통신사들이 모바일 무료 메신저의 가치를 모를 리 없었다. 만일 이동통신사들이 미래를 확실하게 내다보고 문자 서비스보다 잠재력이 뛰어난 모바일 무료 메신저에 적극 뛰어들었다면 상황은 전혀 달라졌을지 모른다. 하지만 그들은 주요 수입원에만 몰두했으며 스스로를 개혁하고 틀을 깨는 데에는 인색했다.

최근 카카오톡을 보면 격세지감을 느끼게 한다. 920억 원을 유치해 세간의 화제가 되고 있으며, 4,400만 명의 회원을 보유한 데 이어 모바일 플랫폼 사업과 모바일 게임 사업 등 강소기업으로서의 위력을 보여주고 있다.

초기에 카카오톡이 진입한 시장은 그야말로 지뢰밭이었다. 데이터 요금제를 사용해야 하고 스마트폰으로 문자를 전송해야 하는 전제조건이 따랐다. 그런데 시간이 흐르자 대부분의 사람들이 스마트폰을 갖고 다니게 되었고 데이터 무제한 요금제가 생기면서 부담 없이 카카오톡을 즐길 수 있게 되었다. 기존 대기업들이 꺼려하는 미래 시장에 주저하지 않고 몸을 던진 것에 시간이 보답해준 셈이라고 해야 할까.

카카오톡은 혁신기업이라고 불러도 무방할 정도다. 노란색과 갈색으로 이루어진 심플한 디자인과 사용하기 편한 사용자 인터페이스, 발음하고 기억하기 쉬운 브랜드 이미지, 사용자와 함께 사용할 수 있는 100개의 프로젝트까지 그들의 필살기는 시장의 판도를 뒤바꿔놓았다.

더 놀랄 일은 카카오톡이 중소기업의 고질적인 문제인 자금 한계를 알고, 기능 개발에 몰두하기보다는 서비스 개발에 주력했다는 점이다. 이는 지금도 마찬가지여서, 다양한 서비스를 즐길 수 있도록 꾸준히 새로운 서비스를 내놓고 있다. 최근 이동통신사들을 깜짝 놀라게 한 무료 음성통화 서비스도 카카오톡의 발칙한 상상을 잘 보여준다.

평범함에서 비범함을 본 뽀로로, 대형 할인점의 문제를 적극 해결
해주면서 성장한 타깃, 대기업들이 주저하고 있던 모바일 무료 메신
저 시장에 뛰어들어 신화를 만든 카카오톡. 이들은 우리가 당연하다
고 믿었고 그래서 간과했던 문제에 창의적인 혁신을 이루었다. 그리
고 그들은 우리에게 일깨워준다. 가장 특별한 성공은 누구나 당연하
게 여기는 문제, 가장 일상적인 곳에서부터 시작한다는 것을. 원칙과
순리를 벗어나거나 반전을 일으키는 발칙한 상상이 얼마나 큰 가치를
불러오는지를.

Think
Difference

Part 3

그들이
우리에게
알려주는
것

"다른 회사들이 우리를

따라잡지 못하는 것이

하나 있습니다.

그것은 바로

우리 직원들의

마인드와 태도,

그리고 긍지입니다."

온주 상인에게
배운다

'동양의 유대인'이 된 온주 상인

최근 국내 신문에 중국 민영기업의 요람에서 금융개혁의 시범구로 변신한 온주(溫州) 관련 기사가 자주 실리고 있다. 그중 한 기사에 눈길을 끄는 대목이 있는데, 다음과 같다.

'중국 정부는 민간자본 규모(정부 추산 6,000억 위안, 약 108조 원)가 상대적으로 큰데다가 견고한 해외 네트워크를 유용하게 활용할 수 있는 능력을 가졌다고 판단되는 온주를 민간 금융개혁 시범구로 지정했다. …… 중국 내 민간자본이 장사의 달인 원상을 통해 전 세계의 큰손으로 등장할 수 있다는 것이 전문가들의 시각이다.'

지금 전 세계 경제인들의 주요 관심은 G2, 즉 미국과 함께 세계 경제의 중심축으로 자리 잡은 중국에 쏠려 있다. 팍스 아메리카라고 불리던 미국 중심의 경제에서 중국과 미국의 양국 체제를 가리키는 신조어 차이메리카라는 말이 전혀 어색하게 들리지 않는다. 더 나아가 그들은 뉴욕에 이어 '세계의 월가'로 떠오르고 있는 온주에 눈길을 모으고 있다.

현재 중국의 시장경제는 지역경제가 발전함에 따라 지역별로 상방이라 불리는 상인 집단이 있으며, 이들이 중국 경제 발전의 핵심으로 주목받고 있다. 상방의 수는 45개에 이르는데, 이들 중에서 양쯔 강어귀에 있는 상공업 도시 상해, 이곳과 인접한 저장, 중국 남부의 중심 교역지인 광동, 남동해안에 자리한 복건, 양쯔 강 하류의 강소 등이 가장 활발하다.

그런데 최근 이들 상방 중에서도 가장 주목받는 곳이 저장성이다. 미국 경제지 《포춘》은 중국 내 최고 부자로 저장성 화립그룹을 이끌고 있는 왕립성 회장을 꼽은 한편 저장성의 경제 규모와 성장 동력을 언급했다. 저장성은 중국 동부의 동중국해 연안에 있는 지역이며, 저장성의 경제활동 주무대는 중국 금융개혁의 시범 지역으로 지정된 온주다.

'중국의 유대인'이라 불리는 온주 상인은 척박한 환경에서 그들만의 영역을 일구어 온 것으로 유명하다. 이들에게는 목표를 향해 달려가는 신기에 가까운 동력과 노하우가 있으며, 미래를 내다보는 안목과 혜안도 뛰어나다. 가장 빠른 속도로 부를 축적하거나 뛰어난 창업 능력을 보여주고 있다는 점에서 온주 상인의 경제 수완은 중국은 물론 전 세계 기업가들에게 훌륭한 비즈니스 교재가 되고 있다.

이처럼 온주 상인이 성공한 데에는 등소평의 개혁개방 정책을 꼽아야겠지만, 등소평은 오히려 온주 상인을 극찬했다.

"발전이야말로 가장 견고한 원리다. 그런 의미에서 우리는 온주 모험가들에게 감사해야 한다."

등소평은 왜 온주 상인을 모험가라고 불렀을까?

돈이 모이는 곳을 선점하라

온주 상인에게는 다른 상방의 상인들과 비교할 수 없는 끈기, 그리고 그들만의 경제관념과 철학이 있다.

온주 상인들은 너나없이 과거의 온주는 절망의 땅이었다고 말한다. 상해에서 500킬로미터 떨어진 외진 도시인 온주는 동쪽으로는 바다가 있고 그 외 삼면이 산으로 둘러싸여 있다. 상해로 가는 길은 바닷길이 전부였다. 교통 문제뿐만 아니라 자원과 농지도 부족해 경제활동을 하기 힘든 지역이었다. 인구가 적고, 좁은 땅에 평지가 드물어 경제활동을 펼 여지가 없었다.

그럼에도 불구하고 온주 상인은 절망하지 않고 스스로 일어서는 방법을 강구했다. 이런 여건 속에서도 온주 상인이 오늘날 유대인도 혀를 내두르는 세계적인 상인으로 떠오를 수 있었던 데에는 그들 특유의 철저한 돈에 대한 관념이 큰 몫을 했다.

그들은 돈에 대해서는 종교보다 더한 믿음이 있다. 그들은 '돈을 버는 것은 영광'이라거나 '돈에 대한 지혜는 아이큐보다 중요하다', '돈이 되는 일은 무엇이든 한다'는 철학을 갖고 있다. 그들에게 돈을 버는 것은 부끄럽고 창피한 일이 아니며, 심지어 명성과 신분, 지위까지도 돈과 바꿀 수 있다고 말한다.

이를 입증이라도 하듯 온주 상인들은 몽골의 알타이 산 부근에서 유목민들의 구두를 닦고 수리하기를 꺼리지 않으며, 세계의 지붕이라 불리는 티베트의 해발 4,000미터에 이르는 라싸에도 상가를 운영하고 있다. 그리고 더욱 놀라운 것은 역발상적으로 돈의 흐름을 추적하는 지혜로, 2001년 뉴욕에서 일어난 9·11테러 때는 신속하게 성조기를 대량 생산해 관련 시장을 장악한 일화는 지금도 널리 회자되고 있다.

이들은 기회의 땅을 보는 혜안이 있고, 그곳으로 이동하는 실행력 역시 대단하다. 파키스탄 변두리에 온주 상인 2만 명이 장사를 하고 있었는데 이들은 아프간전쟁이 채 끝나지 않았을 때 전쟁 복구에 물자가 많이 필요하다고 예견했고, 전쟁이 끝날 상황을 예측해 발 빠르게 중동 지역으로 이동해 이라크에서 장사를 시작했다. 뒤늦게 이를 간파한 각국의 상인들과 기업가들이 몰려들었지만 이미 온주 상인이 상권을 장악하고 있어 비집고 들어갈 틈이 없었다. 이라크 전쟁 후 제일 먼저 돈을 번 이들도 온주 상인이었다.

이런 예는 국외뿐 아니라 중국 내에서도 일어났다. 중국 정부에서 서부 지역을 대규모로 개발하려는 단계에 있을 때 온주 상인 30만 명이 그곳에 입주했고, 서부 지역의 중심 도시인 사천성 등에는 4만 명이 이미 터를 잡고 있었다.

온주 상인의 또 다른 특징은 그들만의 스타일이 있다는 점이다. 그들은 '천하제일의 세일즈맨'이라는 별칭처럼 밝은 성격과 매끄러운 화술로 부가가치를 창조하는 능력을 발휘하고 있다. 특히 자본도 설비도 없이 시장에 뛰어들어 소량 다품종 박리다매 전략으로 시장을 장악하는 그들의 수완에는 입을 다물지 못할 정도다.

기회는 오는 것이 아니라 만드는 것

온주 상인을 '동양의 유대인'이라 부르는 이유는 총명함과 담력, 그리고 식견이 어느 누구에게도 뒤지지 않으며, 심지어 전업이나 이직도 두려워하지 않는 용기를 갖고 있기 때문이라고 한다. 중국에서는 낮선 사람을 만날 때 상해 사람은 전시회를 언급하고, 북경 사람들은 족보를 따져 묻는다고 한다. 이에 비해 온주 사람들은 만나자마자 장사 이야기부터 꺼낸다.

중국이라는 국가의 특성과 한계를 감안한다면 온주 상인은 달라도 아주 다르다. 이들은 '시대는 변하고 시장 또한 변한다'는 게임의 법칙을 몸에 익혀 왔으며, 등소평이 언급한 '검은 고양이, 흰 고양이 구분 없이 쥐를 잘 잡기만 하면 좋은 고양이'라는 흑묘백묘론에 따라 소유재산제에 개방적일 뿐 아니라 모든 기준을 생산력에 두고 판단하는 경향이 강하다.

일반적으로 사회주의국가의 특징인 평생직장 개념을 일찌감치 버린 온주 상인들은 취할 것은 빠르게 취하고 버릴 것은 과감하게 버리는 실리적인 원칙을 견지해왔다. 열악한 자연환경을 탓하기보다는 그들 자신이 여건을 만들었고, 이를 그들의 습성으로 키워낸 것이다.

이들은 '멀리 봐야 멀리 갈 수 있다'는 안목으로 세계를 향해 뭉쳐서 맞선다. 어떤 곳에 있든지 혈연·지연·친구 등 관계된 사람들을 불러와 함께 돈을 버는 특성이 강하다. 여기에 같은 고향, 같은 업종끼리 경쟁하지 않는다는 원칙을 지키며 협력하므로 서로 불화를 일으키는 일이 없다.

또한 세계 곳곳을 누비고 있는 온주 상인에게는 '사람이 있는 곳에 돈이 있다'라는 관념과 '어디를 가든 성공할 수 있다'는 자신감이 있다. 온주에서 태어난 이들 중 3분의 1인 약 220만 명이 고향을 떠나 외지에서 생활하고, 이들이 벌어들이는 연간 수입이 우리 돈 35조 원인 2,800억 위안에 달한다. 이는 온주 시의 총생산인 1,220억 위안의 두 배가 훨씬 넘는 금액이다.

남의 닭을 빌리되 달걀은 자기 것으로 챙기는 협상력이나, 두려움 없이 자신의 길을 가는 의지, 신용과 화술, 창조력은 이제 어느 누구도 견줄 수 없는 그들만의 트레이드마크가 되었다. 그리고 오늘도 그들은 기회의 땅을 향해 망설임 없이 나아간다.

중국 경제의 핵이요, 중심이 된 온주 상인들. 전 세계 경제의 큰 손으로 떠오르고 있는 그들의 행보에 전 세계 경제 전문가들의 스포트라이트가 비쳐지고 있다.

중국 민영기업의 요람에서 금융개혁의 시범구로 탈바꿈한 온주, 그리고 차이메리카로 불리는 중국 경제의 핵심으로 떠오르는 온주 상인들을 지켜보면서 전 세계를 좌우할 중국 경제에 대한 두려움에 앞서 중국 경제의 저력이 어디에 있는지 새삼 들여다보게 된다. 그리고 그들을 보면서 기회는 오는 것이 아니라 만들어 가는 것이라는 사실을 다시 한 번 깨닫는다.

규모도 직급도 없는
고어의 혁명

비상식을 상식으로 바꾸다

최근의 글로벌 경제는 예측 자체가 불가능한 상황이 되었다. 산업, 기술 영역 간 융합과 결합이 빈번하게 일어나고 있고, 네트워크의 발달로 연결성이 커지면서 하나의 현상에 영향을 주는 변수들이 증가하고 있다. 이에 따라 전 세계 기업들은 경쟁 구도의 여러 가지 가능성에 대비해 기업 내 다양성을 키우는 것이 중요한 과제가 되고 있다. 이와 관련해 고어는 눈여겨볼 사례라고 할 수 있다.

고어에는 다른 기업들에서 흔히 볼 수 있는 보스가 없고, 직급이나 직책도 정해져 있지 않으며, 심지어 경영자도 직원들이 선출해 화제가 되고 있다. 특히 조직 규모를 키우는 것이 당면과제인 여느 기업들과 달리 고어는 조직 규모가 커지면 그 조직을 쪼개 소규모로 재편하는, 상식에서 벗어난 관리체제를 지키고 있다.

고어의 이런 파격적인 시도는 직원들의 능력을 극대화할 수 있는 풍토를 만들기 위해 진화된 형태라고 할 수 있다.

이처럼 독특한 경영 방식으로 직원들의 능력을 극대화한 고어는 경제 전문지 《포춘》이 선정한 '가장 일하기 좋은 100대 기업' 리스트에 12년 연속해서 올랐으며, 영국·독일·프랑스·이탈리아·스페인·스웨덴 등 고어의 해외법인은 그 나라별로 조사한 '가장 일하기 좋은 회사'의 상위를 늘 지키고 있다.

이를 반영하듯 고어는 이런 업무 환경에 힘입어 1,000여 종이 넘는 제품을 개발, 생산하고 있다. 고어는 섬유, 의료, 전자 제품은 물론 산업 자재를 비롯해 다양한 영역에서 혁신적인 제품을 생산하며 학계와 언론으로부터 각광을 받고 있다. 세계적인 경영 석학인 게리하멜은 다양성이 중요시되는 미래 경영 환경에서 경영 혁신으로 성공한 기업으로 고어를 가장 먼저 꼽는다.

고어는 전 세계적인 금융위기 속에서도 견고한 성장을 이어오고 있는데, 2010년 기준 매출액 26억 달러, 직원수 9,000명에 전 세계 30여 개 국에 50여 개의 공장을 가동하고 있다.

2005년 고어의 최고경영자에 오른 테리 켈리는 얼마 전 한 언론사와의 인터뷰에서 이렇게 말했다.

"지난 50년 간 우리는 위기에 빠져본 적이 별로 없다. 성과가 좋을 때도 있고 나쁠 때도 있었지만 심각한 어려움은 없었다. 사실 경제 환경이 어려워지면 우리 회사는 위기보다는 기회의 측면이 더 많다. 사업 포트폴리오가 워낙 다양해서 상대적으로 충격이 덜해 더 도약할 수 있었다고 본다. 지난 2008년의 금융위기에도 우리는 상당히 좋은 성과를 냈다."

'스스로 해결하는 회사'

고어는 세계적인 화학기업 듀폰에서 화학 엔지니어로 일하던 빌 고어가 1958년에 설립했는데, 그는 창업 동기를 이렇게 언급했다.

"나는 듀폰에서 사표를 쓰고 나온 빌 고어라는 사람이다. 유타대학 화학과 출신으로 세계적인 화학 분야의 기업에서 직장생활을 하는 동안 기술자로서, 팀의 리더로서, 그리고 인간적으로도 업계에서 꽤 평판이 좋은 편이었다. 듀폰에서 소규모 연구 개발 프로젝트 팀을 여러 번 거치면서 많은 경력을 쌓았다. 실적도 꽤 좋았다. 듀폰이라는 대기업은 엄청난 목표와 자율성을 팀에게 부여하기로 유명하다. 일하는 내내 소규모 집단의 팀원들은 자유분방하고 창의력과 열정 그리고 용기가 충만했다. 그런데 직급이 올라가면서 회사를 경영하는 직위에 오르면 관료주의라는 어두운 그림자가 조직을 지배한다는 것을 발견했다. 고위직의 이런 마인드가 지속가능한 창의성, 기술발전, 혁신에 걸림돌이 된다는 생각이 나를 짓눌렀고, 불타오르는 열정에 찬물을 끼얹고 있다는 걸 느꼈다. 그래서 회사를 창업하기로 결심했다. 어떤 회사를 세우느냐고? 관료주의라는 늪에 빠지지 않는 회사, 경영자는 혁신에 많은 시간을 들이고, 직원들은 상위 관리자의 환심을 사려고 애쓰지 않는 회사를 만들어보고 싶었다."

듀폰에서 근무하던 시절, 빌 고어는 직원들이 조직의 위계질서에 구애받지 않고 자유롭게 대화를 나누는 유일한 시간은 동료들끼리 함께 차를 타고 출퇴근할 때라는 사실을 알아냈다. 비록 상사와 부하 사이라도 한 차로 출퇴근할 때는 직급의 높고 낮음을 떠나 즐겁고 창의적인 대화를 나누는 것을 보고 이런 분위기가 넘치는 회사를 만들고 싶었고, 이를 자신이 창업하는 회사에 적용했다.

고어를 창업할 당시 경영자들은 종업원들을 게으르고 일에 무관심한, 돈만 밝히는 존재로 보는 것이 일반적이었다. 이때 경영학계에 혜성처럼 등장한 맥 그리거는 이런 시각을 명령과 통제에 기반을 둔 구시대적인 착상이라고 비판했다. 맥 그리거는 사람은 일에서 의미를 찾아내고 스스로 문제를 해결하는 존재로, 누구나 자기 능력을 발휘하고자 하며, 타인에 의해 강제되는 것이 아니라 스스로 설정한 목표를 찾아 노력할 때 진정한 성과를 거둘 수 있다고 강조했다. 빌 고어의 혁신적인 경영 방식은 맥 그리거의 이론에 많은 영향을 받았다.

'자유롭고, 공정하며, 토론하라'

빌 고어는 인간에 대한 확고한 믿음을 갖고, 작은 조직에서 오히려 강한 힘이 나온다고 보았으며, 모두 함께라는 정신으로 멀리 내다보면서 경영해야 한다고 말했다. 이 같은 그의 경영철학에 기초해 고어의 직원들은 네 가지 원칙을 지키고 있다.

첫째, 스스로 생각하고 스스로 행동한다. 고어의 직원이라면 누구나 자신의 역량을 충분히 펼 수 있도록 자유롭게 행동할 수 있으며 동시에 다른 동료들이 성장하고 발전할 수 있도록 도울 수 있는 자유를 갖는다. 고어는 직원들에게 업무의 일정시간을 자기만의 아이템 계발과 연구에 몰두할 수 있도록 허용하고 있다. 고어의 모든 직원들은 일주일 중 하루의 반나절을 자기 마음대로 사용할 수 있는데, 이 시간만은 어느 누구에게도 방해받지 않도록 하고 있다. 그런데 놀라운 것은 인공혈관 조직을 비롯해 대부분의 혁신 제품이 이 시간에 만들어져 나왔다는 점이다.

둘째, 의사 결정은 공정하도록 한다. 이는 직원들 사이에서뿐만 아니라 협력업체나 고객 등 이해관계자들에게도 모두 공정하게 대하라는 의미를 담고 있다.

셋째, '무언의 약속'을 스스로 실천한다. 자기가 옳다고 여기는 바를 스스로 실천하도록 자기 자신을 규율해야 한다는 것이다.

마지막으로, '해수면 원칙'에 따라 의사 결정을 한다. 이 원칙은 고어를 하나의 커다란 배에 비유한 것으로, 어떠한 의사 결정이 수면 아래에 구멍을 뚫는 것은 아닌지, 그래서 배 전체를 침몰시킬 가능성은 없는지 고민해야 한다는 의미를 담고 있다. 직원들은 이 원칙에 따라 해당 분야에서 지식과 경험이 많은 다른 동료들과 충분히 토론해 리스크를 최소화한다.

경직된 조직은 앞서갈 수 없다

고어에는 공식적인 보스와 상하의 직급 구별이 없기 때문에 그들의 명함에는 associate, 즉 동료라는 명칭만 있을 뿐 조직 내에서 어떤 위계에 해당하는지 알 수 있는 아무런 힌트가 없다. 미국 상법에서 회사를 설립하는 데 필수적으로 요구하는 사항 때문에 공식적인 직급인 CEO와 재무 총책임자인 CFO는 존재하지만 이들도 회사 내부에서는 동료일 뿐이다.

아울러 4개의 사업부는 존재하지만 공식적인 팀이 없으며, 대부분의 업무는 프로젝트 팀이 진행한다. 이를 보완하기 위해 고어의 직원이라면 누구나 예외 없이 스폰서를 갖고 있다. 스폰서는 멘토의 다른 말이다. 보스가 없는 대신 스폰서 제도로 그들은 역량을 효율적으로 육성할 수 있는데, 모든 직원은 적어도 한 명 이상의 스폰서로부터 도움을 받아야 한다.

고어의 특징 중 빠트릴 수 없는 하나가 직책이 없다는 것인데, 재무, 영업, 개발, 구매 등 고유한 영역을 담당하는 이들이 있기는 하지만 명확하게 나뉘지 않는다. 그래서 공식적으로 자신이 담당하고 있는 고유 업무를 규정하고 있지 않으며, 신입사원의 경우 입사 후 다양한 직무를 경험한 다음 자신과 가장 적합한 업무를 스스로 찾아가게 한다.

이 때문에 언론이나 학자들은 이런 고어의 경영을 지금까지 기업들이 고수하던 관리 방식과는 너무나 이질적인 '반관리(Un-management) 경영', 기존 기업들의 경영 구조를 역전시키는 '반구조(Un-structure) 경영'이라고 표현한다. 경영학자들 중에는 고어의 경영관리를 보편적인 기업 경영관리에 위배되므로 고어를 벤치마킹해서는 안 된다고 지적하는 이들이 적지 않다. 이에 대해 현재 고어의 최고경영자인 테리 켈리는 이렇게 말했다.

"우리의 방식이 직원들의 전문성을 키우지 못한다고 비판하는데 이는 많은 기업들이 오해하는 부분이다. 다른 기업들은 너무나 엄격하게 분리되어 있어서 전문성을 키우는 게 아니라 거기에 함몰되게 한다. 우리는 유연한 팀을 기반으로 일하기 때문에 신선한 아이디어가 나온다. 최고의 혁신은 다른 관점과 독특한 시각에서 나온다. 예를 들어 의료사업 부문에서도 의료 전문 지식을 갖고 있는 동료보다는 관련 지식이 없는 동료로부터 깜짝 놀랄 만한 아이디어가 훨씬 많이 나오고 큰 수익으로 연결되는 경우를 많이 보았다."

돌연변이에서 조직 문화의 신화로

큰 조직이 없다는 것도 고어만의 특징이다. 고어는 한 공장이나 한 조직이 200명에서 250명을 넘어서면 둘로 쪼갠다. 조직이 비대해질수록 고어가 추구하는 개인과 대화를 존중하는 문화가 실현되기 어렵다고 보고 의도적으로 규모를 조절하는 것이다. 그래서 고어에는 수백 개의 공장은 있지만 코끼리 같은 거대 조직은 어디에도 없다.

이런 방식은 재무적인 면에서 '규모의 경제'에 위배될 뿐만 아니라 비효율적이라고 비난하는 이들도 있다. 그러나 고어는 빌 고어의 '쪼개라, 그래야 더 증식할 수 있다'라는 원칙에 기반을 두고, 자칫 공장을 쪼개는 비용이 발생하더라도 이를 작은 조직에서 나오는 장점으로 상쇄하고 있다. 작은 조직에서는 모든 구성원들이 스스로가 경영자라는 마인드를 갖고 적극적으로 일함으로써 창의와 혁신이 가능해진다고 테리 켈리는 말한다.

보스도 없고 직급도 없는 고어는 한마디로 상향식 리더십을 견지하는 기업이라고 할 수 있다. 고어에는 리더라는 호칭을 가진 사람들이 있지만 이들은 직원들의 동의로 자연스럽게 추대된다는 점에서 다른 기업들과는 확연히 다르다. 팀의 성공에 크게 기여하고 거듭된 성과를 창출하는 직원은 지지자들을 모을 수 있고 그를 중심으로 자연스럽게 동료들이 모여 프로젝트 팀을 구성한다. 그 팀을 주도하는 직원이 리더다. 고어에서 리더 호칭을 갖고 있는 직원의 비율은 전체 직원의 10퍼센트에 이른다. 리더가 위로부터 임명되는 것이 아니라 동료 직원들에 의해 만들어지고 있으며, 리더와 팀의 동료들이 선의의 경쟁과 견제를 유지하는 것도 고어의 보이지 않는 저력이라 할 수 있다.

고어는 돌연변이 같은 기업이지만 조직문화의 신화이기도 하다. 기존 기업들이 지켜온 경영관리 방식을 한꺼번에 뒤집는 반란을 일으켰지만, 그것은 오늘날 고어를 '세계에서 가장 일하고 싶은 기업'으로 만든 근간이 되었다. 그리고 지금, 국내 기업들의 특성상 고어의 경영을 따라할 수는 없다고 하더라도, 다양성과 창의성이 강조되는 오늘날 고어의 경영관리 정신만은 벤치마킹하기에 충분하다.

사우스웨스트항공의 같지만 다른 것

연속 흑자 기적을 이룬 비결

미국의 저가항공사인 사우스웨스트항공은 최근 69분기 연속 흑자라는 경이적인 기록을 세웠다. 그것도 창업 이래 이렇다 할 파업 한 번 없이 30년간 흑자를 기록했다는 것은 놀라운 일이 아닐 수 없다. 이 기록은 1978년 이후 120개의 미국 항공사들이 도산하고, 2002년 거대 항공사인 유나이티드와 US항공의 파산신청과 2005년 델타, 노스웨스트, 콘티넨탈 항공이 파산신청을 한 중에 이루어진 기록이라 더욱 주목받는다. 이뿐만 아니라 미국의 시장조사 기관인 JD파워가 2000년부터 2011년까지 소비자 반응과 인식 등을 토대로 기업의 고객만족도를 조사했는데, 사우스웨스트항공은 상위 50개에 포함되었다. 항공업계의 전통적인 강자인 델타, 유나이티드, 아메리카 항공이 50위 내에 진입하지 못한 것과 비교하면 놀랍기까지 하다.

저가항공사로서 외견상 특별하고 차별화된 경쟁 요소를 갖추었다고 생각하기 힘든 이 항공사의 성공은 어디에서 찾아야 할까? 이 물음의 해답으로 저가항공사의 장점인 단거리 노선의 저가 정책, 정시 운행, 친절한 서비스가 한 몫 했을 것이다. 하지만 이에 못지않게 중요하게 등장하는 것은 사우스웨스트항공만의 독특한 조직 문화다. 그리고 그 중심에 사우스웨스트항공의 회장을 역임했던 허브 캘러허가 있다.

'고마워요, 허브 캘러허'

1994년 미국 일간지 《USA 투데이》에 전면광고가 실렸다. 내용은 저가항공사인 사우스웨스트항공의 모든 직원들이 최고경영자인 허브 캘러허에게 보내는 편지였다.

'고마워요, 허브. 우리 모두의 이름을 기억해줘서. 추수감사절에 고객의 수하물을 함께 날라주어서. 우리들의 이야기를 잘 들어주어서. 경영자이면서 친구가 되어주어서.'

이 편지의 내용처럼 그는 직원들의 친구였으며 마음씨 좋은 동네 할아버지였다. 그가 회장을 맡은 1978년부터 2001년은 사우스웨스트항공이 흑자를 거듭하며 고속 성장하던 시기였다. 연봉은 동종 업계 평균보다 30퍼센트 적었지만 경제지 《포춘》이 선정하는 '일하고 싶은 직장' 상위 10위 안에 늘 들었다. 아울러 직원 한 명이 수송하는 승객 수는 경쟁사의 두 배에 가까웠지만 정시 운항, 고객 만족, 수하물 배송 부문에서 5년 연속 3관왕을 차지할 만큼 생산성은 높았다.

이런 실적 뒤에는 허브 캘러허의 남다른 경영이 숨어 있었다. 또한 이렇게 되기까지 캘러허는 사우스웨스트항공에 '직원이 최우선'이라는 문화를 정착시켰다. 그리고 그 문화를 그 스스로 행동으로 보여주었다. 직원들의 이름을 모두 외웠으며, 병에 걸린 직원이나 그들의 집 안 애경사를 적극 챙겼다.

우리를 앞서지 못하는 한 가지

임원과 관리자들은 반드시 현장에서 근무하도록 했는데, 그도 추수감 사절 휴가를 떠난 직원을 대신해 수하물을 옮겼을 정도였다. 기내 서 비스는 물론 작업복을 입고 궂은일도 마다하지 않았다.

또한 '비행기는 가능한 한 하늘에 있어야 한다'라는 그의 경영철학 처럼 이착륙 시간을 최대한 줄이기 위해 조종사까지 비행기 청소에 가담해 경쟁사가 40분에 처리할 일을 15분에 해결하도록 했으며, 경 쟁사 절반의 인력으로 모든 업무를 소화하도록 했다. 직원들을 혹사 하는 것 아니냐는 비난이 쏟아졌는데, 그는 당당하게 답했다.

"다른 회사와 우리 회사의 자본은 똑같을 겁니다. 또 다른 회사의 서비스 질도 우리 회사와 같을 겁니다. 하지만 다른 회사들이 우리 회 사를 따라잡지 못하는 것이 하나 있습니다. 그것은 바로 우리 직원들 이 고객을 대하는 마인드와 태도, 그리고 긍지입니다."

그리고 애로사항은 현장에서 직접 경청하고 그 즉시 해결하도록 했 다. 모든 직원들에게 자사 주식을 나누어주는 등 직원들에게 실질적 인 혜택이 돌아가도록 한 것은 물론 돌발상황이 일어났을 때 실무 담 당자가 본인의 판단에 따라 가장 적합한 서비스를 할 수 있도록 폭넓 은 재량권을 주었다.

한번은 대형 항공사인 유나이티드항공이 저가항공을 담당하는 자 회사를 설립하며 사우스웨스트항공을 압박했다. 그때 캘리허는 회사

공람에 '완전 군장을 하고 유나이티드와 전투를 벌이자'는 메시지를 올렸다. 다음날 수많은 직원들이 누구의 지시도 받지 않았음에도 철모, 군화, 군복 차림으로 출근해 그의 각오에 적극 호응했다. 이런 예는 2001년 9·11테러 때도 그대로 이어졌다.

9·11테러 직후 모든 항공기들은 근처 공항에 비상착륙할 수밖에 없는 초비상 사태를 맞았다. 사우스웨스트항공도 마찬가지였다. 그런데 사우스웨스트항공을 이용한 승객들 중 상당수가 호텔에 투숙할 돈이 없었다. 사우스웨스트항공의 승무원들은 이들에게 직접 호텔방을 잡아주고 자신의 신용카드를 이용해 승객의 객실 비용을 대신 지불해주었다. 심지어 고객이 편하게 집으로 돌아갈 수 있도록 열차 티켓을 사주기도 했다. 이런 배려와 서비스 결과 사우스웨스트항공은 고객만족도에서 최고 점수를 받았으며 주식 역시 가파르게 상승했다.

허브 캘러허의 이러한 경영철학이 사우스웨스트항공의 직원들 마음속에 경쟁력 있는 조직문화와 팀워크를 이루도록 한 것이다.

'움직이는 노드스트롬'

1991년에 출간한 《MK의 기적》에는 택시회사를 운송회사로만 보는 기존 관념을 뛰어넘어 정보를 유통하는 백화점으로 만든 획기적인 전략이 실려 있다.

손님이 묻는다.

"기사님은 차에 대해 많이 아시겠군요. 중고차를 한 대 사고 싶은데 좋은 데가 없을까요?"

운전자가 말한다.

"중고차 말입니까? 물론 있습니다. ○○센터에서라면 안심하고 구할 수 있습니다."

"그럼 소개해주시겠습니까?"

기사는 승객의 명함을 받은 후 본사의 상품부에 연락한다. 상담이 성립되면 기사는 소개료 중 60퍼센트를 받는다. 이렇게 상품부에 등록된 제휴처는 자동차 대리점이나 백화점뿐만 아니라 휴대전화 대리점, 보험회사, 자동차 딜러, 심지어 부동산 업체 등 50개 사에 이른다. 이것만으로 한 달에 10만 엔 이상을 버는 운전기사들이 적지 않다.

그래서 미국 최고의 고객 서비스 회사로 인정받고 있는 백화점 노드스트롬을 인용해 MK를 '움직이는 노드스트롬'이라고 부른다.

다르게 생각하고
함께 뭉쳐라

'라면 국물은 왜 빨갛기만 할까'

한국야쿠르트의 꼬꼬면은 국내 라면시장에 하얀 라면 신드롬을 일으켰다. 그것은 '라면은 빨간색 국물로만 만들 수 있다'는 색의 편견을 벗어난 역발상적인 접근이었다. 혹시 '바나나는 원래 하얗다'는 우유 브랜드를 기억하는가? 이전의 바나나 우유는 당연히 노란색이라고 생각했는데 이 바나나 우유는 무색소, 저지방을 강조하면서 노란색이라는 고정관념을 과감히 깨며 큰 호응을 받았다.

이처럼 역발상으로 성공하고 기업 브랜드까지 끌어올린 예는 한둘이 아니다. hello를 거꾸로 쓴 KT의 올레, LG전자는 추운 날씨가 연상되는 러시아에 에어컨을 판매했고, CJ는 비음주자가 대부분인 회교국가 말레이시아에 숙취해소제를 판매하고 있다. 날씨에 민감한 입장객 수를 만회하기 위해 우기 때 다양한 할인 혜택과 경품을 제공해 성공을 거둔 에버랜드의 레인 마케팅도 주목할 만하다.

비만을 조장한다는 비난을 칼로리를 공개함으로써 정면 돌파한 맥

도날드, 마시는 비타민으로 철옹성 같던 경쟁 업체를 주춤하게 한 광동 비타500이나, 고가의 침대를 과감하게 홈쇼핑으로 판매한 장수돌침대, 부피가 작은 빨래를 자주하는 1, 2인 가정 및 기저귀 등 항상 청결을 유지해야 하는 가정을 타깃으로 한 벽걸이 세탁기가 가전제품 시장에 파란을 몰고 온 것도 창의적 뒤집기의 성공 사례로 꼽을 수 있다.

그런데 역발상 마케팅이 항상 환대를 받는 것은 아니다. 단순한 호기심에 그치거나 대우 무세제 세탁기처럼 안티 세력의 거대한 벽에 부딪히면 아무리 독특하고 차별적인 콘셉트도 더 이상의 진전을 기약할 수가 없다. 즉 아무리 창의적인 뒤집기라도 든든한 지원군의 후원과 동의가 없으면 이를 효율적으로 추진하기가 어렵다. 소니의 경우가 그렇다.

소니는 CD나 DVD보다 작은 미니디스크를 개발해 시장에 런칭했다. 그들이 자신만만하게 강조한 것처럼 기술력은 탁월했다. 그런데 시장의 반응은 기술력과는 정반대였다. 디스크 제작 업자와 음반 제작자들이 등을 돌린 결과 미니디스크는 시장에서 설 자리를 잃고 말았다.

역발상은 하루아침에 되지 않는다

그렇다면 기업은 왜 창의적 뒤집기에 역량을 기울이는 걸까? 그것은 고객의 눈과 호기심을 자극하고 어필하는 데 독특한 아이디어와 기법이 효과적이기 때문이다. 그리고 미처 예상하지 못한 콘셉트와 재치 있는 반전은 고객의 마음에 오래 각인되는 장점이 있다. 역발상은 외견상 고객에게 당당함과 자신감, 진정성을 안겨주고, 그들을 충성 고객으로 만들어주기도 한다. 배타적인 소유, 경쟁자가 없다는 점, 센세이션을 일으킨다는 점에서도 창의적인 뒤집기는 많은 기업들이 자주 활용하고 있다.

하지만 창의적 뒤집기는 하루아침에 이루어지지 않는다. 간절하게 바란다고 획기적인 아이디어가 눈앞에 다가오는 것도 아니다. 세상 모든 것에 눈을 크게 뜨고 귀를 기울여야만 한다. 사소한 것이라도 관심을 갖고 들여다보면서 왜 그런지, 고객들이 힘들어하고 원하는 것이 무엇인지 고민하고 고민해야만 비로소 보이는 법이다.

그리고 잊지 말아야 할 것이 있다. 당연하다고 생각했던 고정관념을 과감하게 포맷해야만 한다. 고정된 생각과 시각으로는 여전히 기존 것들을 따라 하기밖에 되지 못한다. 기존의 생각을 부정하고, 대안을 찾아보거나, 반대되는 상황에서 솔루션을 찾는 노력이 창의적 뒤집기의 발걸음을 떼는 순간이자 역발상으로 성공하는 시작이다.

다르게 생각하고, 함께 뭉쳐라

이런 창의적인 뒤집기는 한 기업에만 머물지 않고 상반되는 기업들 간의 창의적인 짝짓기로 이어지기도 한다. 그 대표적인 경우가 나이키와 애플이 합친 나이키 플러스, 태양의서커스와 리복이 공동으로 만든 다이어트 프로그램이다.

나이키와 애플이 손을 잡았다는 것은 그 자체만으로도 화제가 되었다. 소비자는 센서와 리시버로 구성된 키트를 구입해 나이키 운동화에 넣으면 애플의 아이팟에 앞으로 남은 거리, 시간, 현재 몸 상태 등을 보여준다. 물론 음악도 들을 수 있고, 전송된 데이터를 다른 사람과 공유할 수 있으며, 전문 트레이너가 소개하는 효과적인 운동법을 음성으로 만날 수 있다.

2008년, 리복은 미국·영국·중국의 20대와 30대 여성 2,500명을 대상으로 운동 습관을 조사했다. 전체 응답자 중 1년간 꾸준히 운동한 여성은 4퍼센트에 불과했고, 2개월 내에 운동을 포기한 여성이 절반을 넘었다. 이 설문에 응답한 여성들은 운동을 중도에 그만둔 첫 번째 이유로 '운동이 너무 지루하고 힘들어서'라고 했다.

이에 리복은 태양의서커스단과 손잡고 여성을 날게 한다는 신개념의 피트니스 프로그램을 개발했다. 천장에 다는 로프와 손으로 잡아 몸을 지탱할 수 있도록 설치된 바를 활용한 것으로, 공중그네를 바닥으로 끌어내린 것과 흡사하다. 하늘을 나는 느낌으로 운동을 하면 평소 잘 사용하지 않는 근육까지 사용하므로 전신운동 효과를 기대할 수 있다고 한다. 즐겁게 웃으며 운동한다는 목표 아래 리복과 태양의서커스단 실무진은 이 프로그램을 개발하려고 꼬박 1년을 동고동락했을 정도다.

환상적인 서커스 공연과 리복의 피트니스 노하우가 결합한 창의적인 아이디어는 나이키와 애플의 경우처럼 고객들에게 기대 이상의 부가가치를 얻게 해주었을 뿐만 아니라 그들만의 경쟁력을 더욱 확고히 다져주었다.

기존 피트니스 프로그램에 서커스를 활용한 점, 운동화에 센서를 넣어 자신의 운동량을 그때그때 알게 해준다는 것은 말처럼 쉬운 일이 아니다. 그러나 창의적인 변화와 이를 활용하는 창의적인 네트워크는 치열한 경쟁에서 살아남고 이기기 위해 놓쳐서는 안 될 생존전략이다. 그리고 그것은 새로운 기회를 창출하는 열쇠이기도 하다. 스티브 잡스가 생전에 '다르게 생각하라'라는 슬로건을 강조한 것도 그래서일 것이다.

월마트,
영원한 공룡은 없다

대한민국에 뛰어든 거대 공룡

2002년 6월의 무더운 초여름, 세계의 축구 도박사들조차 기대하지 못했던 대한민국의 월드컵 4강 진출은 '공은 둥글고, 길고 짧은 것은 대봐야 안다'는 진리를 입증한 전 세계 축구사의 일대 사건이었다. 그후 4년 뒤인 2006년 5월 22일, 대한민국이라는 이름이 전 세계 유통업계를 발칵 뒤집어놓았다. 국내 토종 유통기업인 이마트가 월마트코리아의 8,250억 원에 달하는 지분과 전국 16개 매장을 전량 인수함으로써 국내 할인점의 독보적인 위치를 차지한 것이다.

유통 개방과 함께 1998년 국내에 진출한 월마트는 기다렸다는 듯 주특기인 초저가 공세를 취했다. 이는 곧바로 뉴스와 신문 기사로 전국에 퍼졌다.

"세계적인 유통업체 월마트가 최고 30퍼센트까지 싸게 파는 파격적인 행사를 시작하면서 우리나라 시장에서 유통 경쟁에 불을 당겼다."

마케팅 측면에서 보면 가격경쟁력을 확보하겠다는 것은 안정된 시장의 경쟁구도를 흔들겠다는 의지의 표현이었다.

훗날 이마트 홍보 담당자는 그때를 회상하며 내게 이렇게 말했다.

"월마트와의 가격 경쟁은 전쟁으로 치면 선전포고였습니다. 자존심이 걸린 한판승부였지요. 30퍼센트 파격 할인으로 시작된 거대 공룡과의 싸움은 우리를 내내 긴장시켰습니다. 우리는 실시간으로 월마트가 판매하는 상품들의 가격을 조사하고 이를 가격지표로 삼았습니다. 당연히 우리 홍보실은 24시간 대기에 신문 전단지 작업, 기사 발송까지 그야말로 전쟁터를 방불케 했습니다. 월마트는 미끼상품으로 29인치 컬러TV를 내놓았는데, 단종된 모델을 파격적인 가격으로 내놓은 겁니다. 방송과 신문에서는 2차 세일 전쟁을 알렸습니다. 그 기세를 보면 오늘 내일 끝날 일이 아니었습니다."

그의 말을 들은 나는 가장 중요한 점부터 물었다.

"그런데 어떻게 세계 1위의 유통기업이 무기력하게 주저앉았을까요?"

"문제는 현지화입니다. 저희가 보기에 월마트가 미국 본토에서 톡톡히 재미를 본 '언제나 낮은 가격'이라는 경영 방식을 국내에 그대로 접목한 것이 화근이었던 것 같습니다. 가격만 싸면 매장이 멀고 품질이 떨어지더라도 고객이 만족할 것이라고 안이하게 판단한 거죠."

월마트가 국내에서 철수한 후 미국 경제 일간지인 《월스트리트 저널》은 왜 한국 소비자들이 월마트의 뜨거운 구애에도 불구하고 이마트로 고개를 돌렸는지 분석 기사를 내놓았다.

'폴로셔츠를 입은 젊은 여성들이 도브와 립톤 같은 브랜드 제품을 부지런히 쇼핑 카드에 담는다. 자사 제품을 시음 또는 시식해보라는 판매사원의 요청에 북새통을 이루고 그 사이로 정육점 코너에서 고기

와 생선 가격을 큰 소리로 외쳐댄다. 한마디로 이마트의 성공은 부산함에 있었다.'

이어지는 기사.

'이마트는 월마트보다 미국 타깃에 더 가까운 형태다. 넓은 구획과 낮은 진열대, 컬러풀한 색상과 밝은 분위기 연출, 그리고 야시장 같은 시끌벅적하고 소란스러운 축제 분위기가 그것이다.'

이 소란스러운 축제는 현지화, 즉 문화를 모르고서는 흉내 낼 수 없는 코드였다. 월마트는 낮은 가격만이 고객에게 후한 점수를 받을 것이라고 착각한 것이다.

사람이 망하면 시스템도 망한다

월마트가 1991년 미국 소매업계의 1위 자리에 올라설 수 있었던 데에는 끊임없는 물류시스템 개발 노력과 투자가 기반이 되었다. 상품이 창고나 배송센터를 거치지 않고 곧바로 점포로 보내는 경로와 바코드 시스템, 판매시점 관리 체제, 스캐너 발주 시스템을 비롯해 다양한 전자상거래 기술을 도입한 것은 월마트만의 강점이었다. 특히 위성시스템을 구축한 것은 2,500개에 이르는 월마트의 각 매장과 물류센터, 본사와의 연결은 물론 상품을 수송하는 트레일러의 도착 시간도 정확하게 예측하게 했다.

그렇다면 월마트의 강점인 첨단 시스템이 어떻게 국내에서는 효력을 발휘하지 못했을까?

"월마트의 물류 시스템은 위력적이지 않았나요?"

내 말에 이마트의 홍보 담당자는 단호하게 말했다.

"아니었습니다. 그들의 최첨단 물류시스템은 종이호랑이에 불과했습니다. 산이 많은 국내 지형을 제대로 이해하지 못했고, 물류창고 부지를 선정하기가 힘들어 월마트의 핵심 경쟁력마저 잃고 말았습니다. 샘 월튼을 아시죠?"

왜 샘 월튼을 꺼냈을까 궁금해 하자 그는 이렇게 이어갔다.

"월마트는 창업자인 샘 월튼이 입버릇처럼 말했던 '선 다운 룰(Sun down rule)'을 철저하게 지키려 했습니다. 우리말로 해석하면 '그날 일은 그날 끝내자'지요. 또한 월마트는 창업 초기부터 비용관리와 물류관리를 책임자에게 위임했으며, 반품과 운반 등 고객만족을 위한 노력을 소홀히 하지 않았습니다."

월마트의 성공 요인들 중 하나로 꼽는 것이 고객의 필요에 민감했다는 점이다. 고객이 3.3미터 이내에 있으면 종업원이 즉시 다가가 "무엇을 도와드릴까요"라고 묻는 '10피트 서비스'는 월마트만의 경쟁력이었다.

"월마트는 시스템이나 고객관리 측면에서 국내 유통기업들과는 비교가 되지 않을 만큼 거대하고 치밀했습니다."

"그런데도 월마트가 국내에서 철수했다는 게 이해가 가지 않는군요."

홍보 담당자는 내 질문에 웃으면서 답했다.

"첫째는 국내에서의 부실한 경영 때문이고, 둘째는 국내 고객을 제대로 이해하지 못했기 때문입니다. 이상하게도 미국과 달리 국내에서는 전근대적인 커뮤니케이션 체제에 머물러 있었습니다. 국내 경영진의 독단과 판단 오류가 여러 차례 성공할 수 있는 기회를 놓치게 했습니다. 또한 본사와 달리 경영이 폐쇄적이었고, 인적 관리 또한 느슨해 그것이 부실한 고객서비스로 이어졌습니다.”

1등 기업도 닥칠 수 있는 일

어느 기업이든 몰락할 때 반드시 등장하는 것이 부실한 경영이다. 하지만 두 번째인 고객에 대한 이해 부족은 무슨 뜻인지 묻고 싶었다.

“월마트코리아는 고객의 취향을 고려하지 않은 채 본사의 글로벌 정책을 국내에도 그대로 적용해 실패를 자초하고 말았습니다. 경쟁업체들이 TV광고, 드라마와 연계한 PPL, 즉 간접광고 전략을 구사하고 있는 동안 월마트는 국내에서 마케팅 비용 최소화라는 명목으로 소극적인 마케팅에만 그쳤습니다. 또한 국내 소비자들은 창고 같은 매장의 분위기를 좋아하지 않았음에도 불구하고 저비용 원칙을 고수하며 한국 소비자의 독특한 소비 성향을 무시하고 말았습니다. 아울러 고객에게 묶음판매 형식의 포장 제품을 강요했으며, 국내에서는 신선식품이 빈번한 구매를 유도하는 리더식품이라는 점을 간과했습니다. 이 밖에 또 다른 철수 요인을 꼽자면 국내 할인점은 소비자들이 가깝게 오갈 수 있는 지역에 자리한 것에 반해 월마트코리아는 땅값이 낮은 외곽에 출점하는 자충수를 둔 것도 패착이었습니다.”

월마트코리아는 본사 창업자가 몸소 실행하고 강조한 현장 우선주의마저 외면해버린 것이었다.

그는 월마트와의 힘겨운 전쟁을 회상하면서 한편으로는 월마트의 몰락이 여전히 믿기지 않는다는 표정이었다.

“최고의 바잉파워, 인공위성을 이용한 최첨단 물류 정보 시스템, 저렴한 자본 조달과 거대한 자기자본, 다양한 상품 기획자들과 자체상

표 개발 등 최상의 경영 노하우를 갖춘 초일류 유통기업이 그렇게 맥없이 주저앉으리라고는……."

당시 월마트는 아시아 시장의 잠재력을 확인하고 거의 모든 아시아 국가들의 할인점을 인수할 계획이었다. 그 전진기지가 바로 한국이었다.

"그들이 통한의 눈물을 흘릴 때 우리는 기쁨보다는 이 상황이 앞으로 우리에게도 닥칠 수 있다는 점을 생각했습니다. 그런 두려움이 지금도 늘 남아 있습니다. 그래서 저희는 월마트의 실패를 절대 잊지 말아야 할 반면교사로 삼고 있습니다."

그들처럼 날마다
싱싱하게

그곳에서 희망을 보다

"강사님. 가능성을 새롭게 깨워주셔서 감사합니다. 제가 회사에 도움이 될 수 있도록 조언 부탁드립니다."

"놀랍기만 합니다. 저희가 한 사소한 행동 하나하나가 모두 훌륭한 마케팅 샘플이라니요……."

"이곳 직원이 된 것을 자랑스럽게 생각합니다. 그리고 저도 제2의 이영석이 되려고 합니다."

직원들의 눈빛부터가 예사롭지 않다. 특히 강의 후 이어진 문자 피드백은 '과연 창의적인 조직은 달라도 뭔가 다르구나' 하는 생각을 절로 갖게 한다.

생동감 있는 조직과 리더, 뛰어난 마케팅 사례로 내 강의의 단골 소재가 된 곳이 있다. 한 권의 책으로 국내 경영자들과 마케터, 자영업자들에게까지 큰 화제가 되었고, 최근에는 TV 드라마와 뮤지컬로까지 만들어지면서 다시 한 번 세간의 화제를 끌고 있는 총각네야채가게가 그곳이다.

내가 처음 총각네야채가게를 알게 된 것은 경영 사례집에서였다. 이후 그곳을 직접 들여다본 나는 한동안 충격에서 벗어나지 못했다. 파는 것은 야채, 과일에 불과하고 상점 규모도 동네에서 흔히 볼 수 있는 수준이었지만 경영은 대기업 뺨치는 전략을 구사하고 있었기 때문이다.

작은 점포에서 지속적이고 열성적인 고객을 만드는 '총각들'의 노하우는 대단해 보였다. 그리고 그 가게를 브랜드화하려는 대표의 마인드도 대단했다.

하지만 그 와중에도 여전히 의문은 가시지 않았다. '과연 채소와 과일을 브랜드화할 수 있을까' 하는 의구심이 떠나지 않은 것이다. 1년 내내 구매가 필요한 품목이라 할지라도 영세한 상점이 불안정한 시장 환경을 극복할 수 있을까 싶었다. 아무리 화젯거리가 되고 있다고는 하지만 한때의 이야깃거리로 머물지 않을까 하는 우려도 없지 않았다. 대형 마트들이 우후죽순 생기는 터에 소비자들이 지속적으로 그곳을 찾을까 싶기도 했다.

그런데 이후 총각네야채가게는 내 우려가 기우였음을 당당하게 보여주었다. 게다가 총각네야채가게는 작은 상점이 아니라 기업가 정신으로 똘똘 뭉친 회사로 자리 잡아가고 있었다.

오늘은 어제와 달라야 한다

한때 나는 기업의 브랜드와 마케팅 관점에서 볼 때 총각네야채가게가 이룬 재고율 0퍼센트, 대한민국 최고의 평당 매출액 실현이라는 기적과 인재 양성, 문화 창조, 주인의식, 타임 서비스를 통한 100퍼센트

만족 서비스가 얼마나 오래 이어질지 궁금했다. 기업 경영자들과 마케팅 담당자들을 수시로 만나고 현장을 늘 지켜보면서 유통이라는 전쟁터가 얼마나 치열한 곳인지, 메이저 업체들의 공세가 얼마나 무서운지 체감하고 있었기 때문이다.

그런데 그곳을 찾을 때마다 내 시야가 얼마나 좁으며, 내가 얼마나 편견과 오류에 길들여져 있었는지 깨닫는다.

나를 특히 놀라게 한 것은 총각네야채가게가 독자적으로 개발한 브랜드 상품이었다.

일반 유통업체에서도 독자 브랜드 상품이 안정화되면 제조업체와의 협상이 유리하고 고마진과 단위당 매출이 증가해 매출액에 변화를 줄 수 있다. 아울러 유통업체 간의 차별화로 고객의 충성도를 제고시켜주기도 한다. 하지만 독자 브랜드 상품은 자본이 많고 거대한 유통시장을 확보한 곳에서나 가능하다고 보았다.

그런데 총각네야채는 아무리 작은 상점이라고 해도 그곳은 기존 상품을 파는 데 그치기보다는 자기만의 브랜드를 만들고 키우는 투자를 아끼지 않고, 블루베리 Fish · 국산 콩두유 · 레몬메이트 · 데일리넛 · 간식 세트 미니어포 등을 비롯해 여러 종류의 PB상품을 출시했다.

'야채와 과일은 오프라인 사업이다'라는 고정관념을 깬 점도 주목하게 한다. 이 가게는 소셜 네트워크 서비스(SNS)를 적극 활용해 온라인 공동구매를 이어가고 있다. 영업점이 없는 곳의 소비자가 제품을 사고 싶다고 요청한 것이 시발점이 되어 이제는 소셜 마케팅 업체들과 손을 잡고 있다.

이처럼 동네의 야채가게에서 벗어나 고객의 손 안으로 옮겨감으로써 '산지에서 식탁까지 농업 유통의 고속도로를 만들자'는 그들의 비전이 허튼 구호가 아니었음을 보여주었다. 다들 무리라고, 안 될 것이라 짐작했던 일로 세상에 직접 뛰어든 결과는 상상 그 이상이었다.

매일매일 싱싱하고 뜨겁게

동네의 야채가게에서 벗어나 총각네야채가게라는 브랜드화를 가능하게 한 비결을 마케팅적 관점에서 살펴보자.

첫째, 총각네야채가게의 성공 노하우는 팔 수 있는 제품이라면 어떤 것이든 개발해내는 능력을 꼽을 수 있다. 야채와 과일로 시작한 그곳이 현재는 주스에 이어 자전거도 판매하고 있을 정도다.

둘째, 포지셔닝과 타깃을 정확하게 잡은 점이다. 총각네야채가게의 제품은 믿을 만하다는 장점을 활용해 하루건과·건강스낵바·홍삼절편 등의 제품으로 건강에 관심이 많은 세대를 집중 공략하고 있다.

셋째, 고객의 니즈를 만족시키기 위해 시장의 한계와 영역을 초월한 마케팅 능력을 배양 중에 있다는 점이다. 그들은 신개념의 육포를 비롯해 국내 소비자들이 접하지 못한 제품을 개발하는 등 새로운 시장에 대한 연구와 도전도 끊임없이 이어가고 있다. 게다가 주 고객층과의 밀접한 마케팅을 목표로 영화관 앞에서 제품 런칭쇼와 리서치, 판매까지 시도하고 있다. 특히 브랜드 런칭을 위한 온라인 쇼핑몰과 제휴, 홈쇼핑 및 타 유통업체와의 긴밀한 네트워크를 이룬 것은 총각네야채가게의 성공이 한때의 우연한 행운이 아님을 보여준다.

마지막으로, 그곳의 트레이드마크가 된 FUN 문화를 강화하고, 고객의 불만이 생겼을 경우 언제라도 달려가 해결하는 서비스를 안착시켰다는 점도 눈에 띈다.

　현재 월 매출액 7억 원에 매월 120퍼센트의 성장세를 지속하고 있는 총각네야채가게는 33개의 점포를 가진 프랜차이즈 기업을 넘어 제2의 월마트로 도약할 준비를 하고 있다.

　이영석 대표의 철학처럼 '직원이 주인이 되고, 부의 기회를 제공할 뿐더러 노력한 만큼 대가를 얻을 수 있는' 총각네야채가게의 재탄생을 기대한다. 그리고 그런 그들을 보면서 아무리 작은 규모라도 그 안에서 알찬 결실을 거둘 여지는 많으며, 어제의 성공보다 중요한 것은 오늘의 땀과 내일을 만드는 열정에 있음을 다시 한 번 깨닫는다. 작지만 알찬 그들이 우리에게 알려주는 결코 작지 않은 교훈…….

Think
Difference

Part 4

그들은 지금 무엇을 기다리는가

아무리 변덕스럽더라도

그들이 무엇을 바라는지

알아내는 수고를

마다하지 말아야 한다.

그것은 기업이

생존하는 원천이자

이유이기 때문이다.

알수록 더 모르는 이름, 고객

'왜 이랬다 저랬다 할까'

'이럴 때는 정말 황당하다.'

세계적인 항공사 중 하나인 버진 애틀랜틱은 승무원 3,000명을 상대로 '승객들의 황당한 요구'를 설문조사했다. 1위는 "엔진 소리가 시끄러우니 엔진을 꺼주세요"였고, 2위는 "비행기 안이 더우니 창문을 열어 달라"는 것이었다.

당신이라면 어떻게 대처하겠는가? 말도 안 되는 요구라서 무시하거나 코웃음 치겠는가? 그러면 승객이 "내 말을 무시하느냐?"며 언성을 높일 것이다. 승객의 요구이므로 엔진을 끄거나 창문을 열겠는가? 그러면 당신도 끔찍한 일을 당할 것이다. 코미디 같은 조사라고 넘기기에는 곤란하고 난해한 상황이다.

기업에게 고객은 어떤 존재일까? 고객의 고(顧)는 '사방을 둘러보고 마음에 새기며 유심히 관찰한다'는 뜻이다. 최근 시장점유율과 함께 중요성이 커지고 있는 것이 고객점유율이다. 기업들은 고객을 끌어들이고 고객 수를 늘이기 위해 갖은 노력한다. 그리고 고객의 '마음'을 잡으려 한다.

고객을 언급할 때 흔히 '모든 고객은 똑같이 원한다'고 말한다. 그런데 이런 시각을 깨버린 사람이 있다. 소니의 아키오 모리타 회장이 바로 그다.

"고객을 새로운 제품으로 리드해야 한다. 고객은 무엇이 가능한지 모르지만 우리는 알기 때문이다."

그는 이를 일관되게 주장했다. 특히 그는 "제품을 개발할 때 고객의 욕구를 관찰하는 것은 중요하다. 하지만 고객의 욕구 역시 과학 발전의 결과"라고 말했다.

얼마 전, 침대 판매 매장에 수면 룸을 설치해 성공했다는 기사를 보았다. 이 사례는 서비스는 결코 단순한 것이 아님을 증명한다. 고객 수의 증가에 따른 매출 증대보다는 개별 고객의 마음을 잡는 것이 우선이라는 것이다.

고객점유율이란 한 고객이 특정 기업에 대해 지출한 금액을 그 고객이 동일 카테고리 구매에 지출한 총액으로 나눈 값이다. 여기서 고객은 집합이 아니라 개개인으로 대접받는다. 고객을 매출로만 간주한 시장점유율과는 확연히 달라진다. 시장점유율은 기업이 속한 카테고리 내에서 전체 판매량과 자사의 매출 비중을 따지지만, 고객점유율은 고객이 특정 업계에서 지출한 총 지출액 중 특정 기업에 지출한 것으로 시장점유율과 달리 고객이 최고의 존재 가치가 된다.

그들이 자일리톨 껌을 찾는 이유

한 달에 두 번 가족과 레스토랑에서 외식하는 사람이 있다고 가정해
보자. 그가 소득이 올라 한 달에 다섯 번 가족과 외식을 하게 되었을
때 그중 한 달에 두 번 그 레스토랑을 변함없이 찾는다면? 이것이 조
용히 떠나는 것이다. 횟수는 그대로지만 소득이 올라 다섯 번 외식할
수 있는 상황임에도 불구하고 이전의 습관대로 두 번은 그곳에 방문
하지만 나머지 세 번은 다른 레스토랑이나 음식점에 발을 들여놓기
때문이다.

이때 기업들에게는 단순한 고객관계관리(CRM)를 뛰어넘어 보다
정교하고 세분화된 고객 접근이 요구된다. 고객의 동선과 사용 내역
이 담긴 신용카드를 추적하기 위해 카드회사와 연계하는 것도 이 때
문이다. 일종의 유저 시나리오를 짜, 이를 세밀하게 관리하고 이에 따
라 특정 고객에게 좀 더 가깝게 접근하는 것이다. 고객의 마음을 살피
고 관리하는 것, 더 나아가 고객의 가치창조 활동을 돕는 것이 진정한
고객관리다.

경영학의 아버지로 일컫는 피터 드래커는 고객과 경영의 연관 관계
를 이렇게 정의했다.

"기존 고객을 유지하되 신규 고객을 창출하는 데에 최선을 다하고
나아가 고객 지출 점유율을 확대해야 한다."

고객가치는 매출을 이끌어내는 시작점이다. 따라서 기업이 이윤을
추구하기 위해서는 고객가치를 이끌어내야만 하고, 기업은 고객의 가
치를 실현하는 데에 노력을 아끼지 말아야 한다.

따라서 기업은 고객의 욕구를 파악해야 하고, 고객 정보를 고객가

치로 전환하기 위한 효과적인 커뮤니케이션을 실행해야 한다. 껌을 예로 들어보자. 예전에는 껌을 씹는 것이 입 안의 냄새를 제거하고 향을 즐기기 위함이었다. 하지만 최근에는 소비자들의 성향이 건강으로 전환했고, 생산 회사들은 이에 호응해 충치 예방과 관련 정보를 제공하고 있다. 핀란드 자작나무의 자일리톨 성분으로 밤에 씹어도 치아가 상하지 않는다는 '고객 가치'를 이끌어낸 정보로 10여 년 동안 1조 1,000억 원의 매출을 올린 자일리톨 껌의 경우를 보면 껌값이라는 말이 무색해진다.

그만큼 기업이 바빠지기 시작했다. 고객이 원하는 것을 끄집어내기가 예전처럼 쉽지 않아졌기 때문이다. 하지만 고객이 원하는 것은 경영학 교재가 아니라 현장에 있다는 것을 반드시 알아야 한다. 그것도 날것 그대로 어디나 널려 있다. 단지 기업들이 그것을 무시해왔을 뿐이다.

500명의 디자이너를 이끌고 있고, 매년 90여 개의 신제품 디자인을 발표하는 세계적인 디자인 회사 아이디오(IDEO)는 생활 속의 불편함을 해결하는 아이디어를 현장에서 발견해 기업에 제공하고 있다.

이 회사 직원들 중 한 명이 당뇨병 환자와 마주했다. 당뇨병 환자는 언제 어디서든 정해진 시간에 인슐린 주사를 맞아야 한다. 주사기를 갖고 다니며 약물을 몸에 주입하는 것은 당사자에게도 힘겨운 일이지만 이를 지켜보는 이들에게도 미관상 좋지 않다. 그래서 아이디오는 당뇨병 환자들이 사용하기 편하고 보는 이로 하여금 불쾌감을 주지 않는 팬시제품 같은 펜슬형 주사기를 만들었다.

컨슈머 시대에서 스마트슈머 시대로

소비자는 어떻게 변화해왔는가? 시장점유율 시대에는 소비자들은 컨슈머, 즉 단순히 소비하는 대상으로, 기업의 마켓 대상이었다. 하지만 시대가 바뀌면서 컨슈머는 프로슈머로 변모했다. 프로슈머란 생산자인 프로듀서와 소비자인 컨슈머를 합성한 것으로 제품을 개발할 때 소비자가 직·간접으로 그에 참여하는 것을 말한다. 이 말은 미래학자 앨빈 토플러가 그의 저서 《제3의 물결》에서 처음으로 사용했다.

소비자들은 더 이상 주어진 제품을 사는 데 그치지 않고 기업의 제품 개발, 디자인, 판매 등에 적극 개입하기 시작했다. 창조적인 소비자가 된 것이다. 그래서 창조를 뜻하는 크리에이티브와 컨슈머를 합성한 크리슈머가 등장했다. 그리고 이들을 만족시키려는 활동으로 고객 모니터링, 이벤트는 물론 아웃소싱으로까지 넓어지고 있다.

기업이 갖고 있는 정보들을 답습해놓은 것에 불과하다는 한계를 지닌 크리슈머에 이어 최근에는 스마트슈머, 즉 똑똑한 소비자가 대세를 이루고 있다. 그들은 전문적이고, 수준이 높으며, 디지털 기술로 무장하고 있기 때문에 '최고의 이노베이터'라고 부르기도 한다.

요즘처럼 불황이 이어지는 상황에서 기업은 한 푼이라도 더 벌기 위해 기업은 이익을 올릴 수 있는 방법을 찾기에 혈안이 되기도 한다. 그러다 보니 고객을 소비하는 대상으로만 여겨 어떻게든 상품을 하나라도 더 팔려고 한다. 그러나 고객들은 갈수록 똑똑해지고 있고 제품 사용에 따른 목소리도 날이 갈수록 높아지고 있다.

이러한 이유로 고객들의 변화하는 소비 성향과 그들의 욕구에 귀를 기울이는 것은 모든 기업들에게 필수사항이 되었다. 일부에서는 '소비권력'이라는 비판적인 말도 나오고 있지만 아무리 변덕스럽더라도 고객의 마음을 읽고 그들이 원하는 것이 무엇인지 알아내는 수고를 마다해서는 안 된다. 그것은 기업이 생존하는 원천이자 이유이기 때문이다.

원하는 걸 만들었는데
왜 팔리지 않는 걸까

주부를 위한 잡지, 그들의 필요만을 반영했다고 자부하던 《마리안느》가 창간 17호만에 문을 닫았다. 이 잡지는 창간을 앞두고 소비자 조사를 했다. 그 결과 주부들은 낯 뜨거운 성 이야기나 루머가 없는, 유익한 정보만을 제공하는 잡지가 나오면 구매하겠다고 응답했다. 그 수가 무려 95퍼센트 이상이었기에 《마리안느》는 자신 있게 '섹스가 없고, 스캔들이 없으며, 루머도 없는' 3무(無) 정책을 고수했다. 그런 《마리안느》가 폐간했다니?

겉으로 드러난 소비자의 욕구가 그들의 진심이 아닐 수 있으며 복잡한 마음을 모두 행동으로 표출하는 것도 아니라는 것을 간과한 것이다. 주부들이 가장 원하는 것을 반영했지만 주부들로부터 외면 받은 《마리안느》처럼 소비자의 욕구는 절대적이지 않다.

고객은 짝퉁을
기다리지 않는다

'코카콜라의 비법을 공개합니다'

2011년 2월, 전 세계 사람들의 시선이 한 기사에 몰렸다. 그것은 세상이 뒤집힐 만한 핫 이슈였다. 인터넷에 떠오른 그 기사의 제목은 '125년 만에 밝혀진 코카콜라의 비밀'이었다. 125년 동안 베일에 가려 있던 코카콜라 제조법을 공개한다? 진위 여부 논란은 있었지만, 전 세계 사람들이 충분히 흥미를 가질 만한 내용이었다.

발원지는 미국의 라디오방송 디스 아메리칸 라이프의 공식 홈페이지였다. 이 기사는 메모를 적은 낡은 노트 사진으로 시작했다. 노트가 오래된 것으로 봐서 코카콜라를 맨 처음 만들었다는 존 스티스 펨버튼이 쓴 것으로 짐작되었다.

노트 메모를 찍은 이 사진은 원래 지역 신문 《애틀랜타 저널-컨스티투션》 1979년 2월 18일자에 실려 있었으며, 디스 아메리칸 라이프가 이 기사를 찾아낸 것이다. 그들은 이 노트 메모에 코카콜라의 제조 성분과 함유량을 보여주는 내용이 들어 있다고 주장했다. 노트에 적힌 코카콜라의 제조 성분은 이랬다.

'코카 유동엑스 3모금, 구연산 3온스, 카페인 1온스, 설탕 30(단위 불분명), 물 2.5갤런(약 9.5리터), 라임 주스 2파인트 1/4, 바닐라 1온스, 캐러멜 1.5온스, (마지막으로 비밀 성분으로 알려진) 머천다이즈 7X 1퍼센트 이내.'

만약 사진 속 메모의 내용이 사실이라면 얼마나 충격적인 사건이겠는가. 그동안 베일에 가려 있던 비법이 공개되는 걸까? 그렇다면 코카콜라라는 막강한 브랜드는 무너질까? 이 기사를 본 사람들마다 셈법이 복잡해졌다. 그러면서도 다들 '비밀을 알아냈으니 코카콜라의 인기가 떨어지는 게 아닐까?' 우려했다.

그러나 전문가들은 견해를 달리했다.

'코카콜라의 제조 성분 내용이 밝혀지든 그렇지 않든 코카콜라 마니아들은 요지부동일 것이다. 우리가 커피 문화를 즐기려고 스타벅스를 찾듯이, 여성 흡연자들이 무의식적으로 터프한 남성을 갈망해 말보로를 구매하듯이. 이는 아무리 훌륭한 오토바이가 나와도 할리데이비슨을 무너뜨리거나 잠식할 수 없을 것과 마찬가지다. 충성도는 결코 하루아침에 만들어지는 것이 아니기 때문이다.'

펩시의 등장, 그리고 뉴코크

하지만 기업이 충성스러운 고객의 믿음을 져버린다면 결과는 어떻게 될까? 충성도에서는 세계 최고라는 코카콜라가 그 덫에 갇힌 사례가 있다.

1980년대에 코카콜라와 펩시의 음료시장 전쟁이 치열했다. 비교

광고가 허용되는 미국에서 두 회사의 홍보 전쟁이 심해졌기에 두 기업 간의 광고 싸움을 지켜보는 재미도 대단했다.

펩시가 먼저 나섰다. 공격적인 전략을 구사하는 펩시는 블라인드 테스트를 들고 나왔다. 소비자들의 눈을 가리고 둘 중 어느 콜라가 맛있는가를 가리자는 것이었다. 소비자들은 펩시의 손을 들어주었고, 펩시는 곧바로 이를 광고에 활용했다. 이에 시장점유율이 떨어지자 다급해진 코카콜라는 1985년, 뉴코크를 출시했다. 코카콜라에 단맛을 더해 펩시콜라와 비슷한 맛을 낸 상품이었다.

뉴코크 출시 전, 코카콜라의 경영진은 미국의 10여 개 주요 도시에서 2,000명을 대상으로 코카콜라 맛의 변화에 따른 소비자의 반응을 조사했다. 결과는 뉴코크를 기꺼이 마시겠다고 했다. 두 번째 조사에서는 전과 달리 부정적인 반응이 많았다.

세 번째는 400만 달러를 투자해 13개 이상의 도시에서 약 20만 명의 소비자를 대상으로 블라인드 테스트를 실시했다. 그 결과 참가자의 55퍼센트 이상이 기존 코카콜라나 펩시콜라보다 뉴코크를 선호하는 것으로 나타났다. 이에 코카콜라 사는 블라인드 테스트의 규모와 참여한 소비자들의 대표성을 고려해 맛을 바꾸고 옛 코카콜라를 시장에서 철수하기로 했다.

드디어 뉴코크가 세상에 태어났다. 코카콜라 사는 1985년 1월부터 4개월 간 미국 전 지역을 대상으로 대대적으로 광고했고, 1985년 4월 23일에는 링컨센터에서 기자 200명을 초청해 간담회까지 열었다. 이런 노력으로 출시 초기에 약 1억 5,000만 명이 뉴코크를 마셨고, 출시 후 한동안 가장 높은 시장점유율을 기록했다.

고객은 짝퉁을 기다리지 않는다

하지만 코카콜라 사는 뉴코크를 출시한 후 코카콜라 골수팬들로부터 호된 비난을 받아야 했다. 그들은 기존 코카콜라와 다른 코카콜라를 용납하지 않았다.

'펩시의 짝퉁이잖아.'

그들은 펩시를 흉내 내는 코카콜라를 보고 싶어 하지 않았다. 따라서 코카콜라 사는 뉴코크 출시 후 78일 동안 40만 통의 항의전화를 받아야만 했다. 여기에 언론까지 합세했다. 언론이 뉴코크를 마셔본 소수 소비자의 부정적인 시각을 보도하기 시작하자 처음의 인기와 달리 시간이 갈수록 상황은 역전되고 말았다. 뉴코크의 선호도가 갈수록 떨어진 것이다.

이를 견디지 못한 코카콜라는 뉴코크를 출시한 지 불과 몇 달도 지나지 않아 전통 기법대로 만든 클래식 코크를 출시했다. 코카콜라가 우왕좌왕하는 사이 승기를 잡았다고 판단한 펩시는 마이클 잭슨을 광고모델로 하여 기존 고객들에게 확실하게 어필하는 동시에 시장점유율까지 높여갔다.

아무리 새로운 맛을 제공하고 광고비를 쏟아 부어도 맛까지 코드화한 절대적인 충성도는 말리지 못한다. 소수라고 간과했던 코카콜라 골수팬들이 엄청난 돈을 들인 뉴코크를 무너뜨렸듯이. 그리고 그들은 코카콜라라는 절대적인 브랜드가 다른 회사의 제품을 따라 하는 것을 용납하지 않았다. 그것도 어설프게 흉내 내는 짓은 더 더욱 지켜볼 수 없었다.

이는 뉴코크만의 문제가 아니다. 기업이 지닌 브랜드의 강점을 얼마나 잘 관리하느냐는 매출뿐만 아니라 기업의 생존 자체를 좌우한다. 고객은 절대로 짝퉁을 기다리지 않는다. 그리고 비판하지 않는 많은 고객보다 소수라도 잔소리하는 고객이 기업을 키운다는 것을 명심해야 한다.

마음을 움직여야
진짜 마케팅이다

한 보험 세일즈맨이 미 육군에서 보험 상품 가입의 중요성을 설명했다. 그리고 세일즈맨의 이 말에 그 자리에 모인 모든 병사들이 그 즉시 보험에 계약했다.

"육군 보험에 가입하고 나서 전투에 참가해 사망할 경우 정부는 보험 수혜자에게 3만 달러를 지불해야 합니다. 반면에 미가입자가 전투에 참가해 사망할 경우에 정부는 최고 3,000달러만 지불하면 됩니다. 그렇다면 정부는 어느 쪽을 먼저 전투에 내보낼까요?"

불만은 전염병보다 빠르다

'내 말 좀 제대로 들어달라고'

〈베리드〉라는 영화를 본 적이 있는가? 2010년 선덴스영화제에서 연일 뜨거운 감자로 언론과 평단 그리고 관객에게 큰 이슈가 된 영화다. 줄거리는 이렇다.

이라크에서 근무하는 미국인 트럭운전사 폴 콘로이는 갑작스러운 습격을 받고 눈을 떠보니 어디엔가 묻혀 있었다. 그는 직감적으로 관 속임을 알게 되었다. 그의 주머니에 있는 것은 라이터, 칼, 그리고 누구 것인지 알 수 없는 휴대전화뿐이었다. 그는 아내·친구·911·국방부·회사를 비롯해 닥치는 대로 전화를 했다.

어느 곳 하나 연결되지 않다가 마침내 911 담당자와 통화하게 된다. 수신기에서 들려오는 남자의 목소리. 그러나 그 직원은 기다려달라는 다급한 그의 절규에도 불구하고 장난전화로 생각해 전화를 상담원에게 넘겨버린다. 숨을 쉴 때마다 산소는 줄어들고, 적막과 어둠만이 가득한 관 속에서 그는 가쁜 숨을 삼키며 말을 이어간다.

그리고 생매장되어 당장이라도 죽을 것 같은 그에게 상담원은 무심하게 묻는다. "지금 어디냐", "관 속인데 어떻게 전화를 걸었느냐", "낡은 나무 관이냐", "본인 휴대전화냐", "관 속에는 어떻게 들어갔느냐"고 묻고 또 물었다. 숨이 막힐 것 같다는 그의 음성은 절정에 이르고, 마침내 그가 "나는 단지 이라크에서 근무하는 트럭 운전사"라고 답하자 상담원이 말했다.

"여기는 미국 오하이오 주의 911센터입니다. 보안관을 연결해드리지요."

그는 당장이라도 숨이 멎을 듯한 목소리로 말했다.

"그만둡시다!"

이 긴박한 상황에서 상담원의 서비스 행태를 보면서 관료적이라고 생각할 것이다. 상황이야 어찌되었든 매뉴얼로 진행하는 일방통행 식 서비스가 상대에게 얼마나 큰 고통을 주는지 영화는 여실히 보여준다.

그들 때문에 골머리 앓는다면

손님이 물 한 잔을 주문했다. 종업원이 물을 가져다준 잠시 후 그 손님은 종업원을 다시 부르더니, 탁자에 놓인 물 컵을 가리키며 말했다.

"이 잔에 이상한 걸 보지 못했나요?"

컵에 립스틱이 묻어 있거나 컵 안에 이물질이 들어 있는 건가 의심한 종업원은 물 컵을 살펴보았지만 아무 이상이 없었다.

"손님, 이 컵은 깨끗한데요."

그러자 손님은 답답하다는 표정으로 이렇게 말했다.

"두 눈을 뜨고도 이것을 보지 못합니까? 물속에 산소가 너무 많잖

아요!"

이럴 때 어떻게 대응해야 할까? 그 손님에게 화를 내야 할까? 아니면 그 물 컵을 수거해 손님의 기분을 맞춰주어야 할까? 어떻게 대응하느냐에 따라 이후 고객의 반응은 달라진다. 아무리 황당할지라도 이를 어떻게 처리하느냐에 따라 그 고객은 고의적으로 악성 민원을 제기하는 블랙 컨슈머가 될 수도 있고, 충성도 높은 고객으로 바뀔 수도 있다.

흔히 고객의 불만을 관리하는 것은 제품과는 상관없는, 기업의 고객 서비스로 인식하는 경우가 적지 않다. 하지만 단언하건대 고객의 불만은 관리할 대상이 아니라 경영 그 자체다.

또한 고객 서비스는 천편일률적인 매뉴얼에 따라 행해야 하는 기능이 아니라 직원들의 재능에 따라 서비스 업무 능력의 결과치가 달라진다. 노드스트롬은 미국 사람들이 최고의 백화점으로 꼽고 미국 최고의 고객 서비스 회사로 인정받고 있다. 이 백화점이 성공한 요인 중 하나는 종업원들에게 권한을 부여하고 본인 스스로 전문성을 바탕으로 고객을 대하도록 함으로써 직원들이 매뉴얼에서 벗어나 창의적인 아이디어를 발휘하도록 유도한 데에 있었다.

흔히 고객의 불만은 서비스 관리 대상으로 보지만 경영자는 이를 제품의 문제를 찾는 핵심 열쇠로 받아들여야 한다.

미국 품질관리학회의 조사에 따르면 고객들은 제품 자체(14퍼센트)보다는 고객 서비스(68퍼센트)에 큰 불만을 품는다. 서비스 담당자의 불친절한 응대와 규정만 내세우는 안내, 그리고 업무처리 미숙과 타 부서로 책임을 미루는 것이 이에 속한다. 와튼 스쿨의 〈2006년 불만 고객 연구 보고서〉에 따르면 고객 100명이 불만을 느끼면 그중 32명

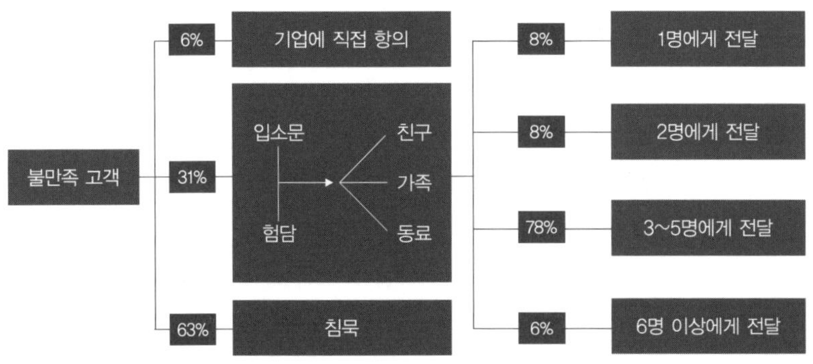

에서 36명의 고객은 더 이상 같은 매장을 방문하지 않는다고 한다.

사실 불만고객이 침묵한 채 문제를 제기하지 않는다면 그나마 다행이지만, 기업에 항의하거나 고장 난 시한폭탄처럼 계속해서 루머나 피해를 정보화시켜 양산한다면 다른 고객들에게 그 기업의 이미지를 해칠 수 있다. 블랙 컨슈머의 입소문 하나가 기업의 이미지에 큰 타격을 입힐 수 있기에 많은 기업들이 블랙 컨슈머 관리에 골머리를 앓고 있다.

고객과의 불협화음은 기업의 매출과 수익을 감소시킬 뿐만 아니라 최악의 경우 시장에서의 퇴출까지도 몰고 오기 때문에 위기관리 측면에서도 불만고객은 세심하게 다루어야 한다.

기업이 이런 위기 상황을 만족스럽게 해결하면 고객과의 관계가 강화될 테고, 이는 고객의 충성도를 높이는 또 하나의 기회가 될 것이다. 통계에 따르면 불만을 호소하는 고객의 요구를 진지하게 응대할 경우 그들 중 65퍼센트가 다시 그 기업의 제품을 구매한다고 한다.

그들이 화내는 그곳을 찾아가라

여기까지 말하면 기업의 임원이나 담당자들은 이렇게 물을 것이다.
"그럼 고객의 불만을 잠재울 필살기가 있나요?"
가장 중요한 것은 첫째, 고객 서비스에 대한 지나친 자만심이나 오만함을 버리는 것이다. 특별할인제도를 폐지했던 K마트의 몰락이 이를 여실히 보여준다. 할인제도가 자사를 싸구려 물건을 파는 곳으로 만들게 한다며 불쾌해한 경영진은 이를 폐지했고, 그 결과 고객들은 K마트가 자신들과 한 약속을 저버렸다며 심한 배신감을 느껴 K마트와의 관계를 끊었다. K마트는 '우리는 고객들에게 훌륭한 서비스를 제공하고 있다'고 자부했지만 실상은 '우리 서비스에 고객이 맞추어야 한다'는 너무나 위험한 생각을 고집했다.
두 번째는 고객 불만 관리 시스템을 도입하는 것이다. 고객의 불만을 정리해 원인을 분석하고 대응 방안을 수립할 뿐 아니라 개선 사항을 정기적으로 모니터링해야 한다. 이때 사전에 불만 요인을 인지해 제거해야 한다.
이 대표적인 사례가 마쓰시타가 운영하고 있는 고객 불만 관리 시스템인 'VOC21'이다. 실시간으로 고객의 불만을 입수, 분석해 이를 회사 경영에 적극적으로 반영하고 있는 이 시스템은 인지된 고객의 불만을 조기에 개선함으로써 또 다른 고객의 불만을 예방하는 효과를 거두었고, 마쓰시타를 고객의 목소리를 소중하게 여기는 기업으로 여기게 했다.

셋째는 담당 직원에게 권한과 보상을 일임하는 것이다. 노드스트롬 백화점의 경우처럼 모든 상황에서 스스로 판단해, 정해진 매뉴얼에 따라 일괄적으로 처리하기보다는 담당자들이 주어진 상황에 맞게 대처하도록 권한을 일임하고 그에 따른 보상을 주는 것이다.

네 번째는 MOT를 관리하는 것이다. '진실의 순간'을 의미하는 Moment of Truth의 약자인 MOT는 마케팅학자인 리처드 노만이 서비스품질관리에 사용한 용어로, 고객과 접촉하는 모든 순간을 말한다.

고객 감동 경영의 창시자이며 만성적자에 빠진 스칸디나비아 항공사를 세계 최고의 항공사로 올려놓은 얀 칼슨 전 회장은 서비스의 중요성을 이렇게 강조했다.

"100번의 고객접점에서 99번을 만족시켰더라도 고객이 한 번 불만을 느끼면 고객의 종합 만족도는 0이다."

마지막으로, 사소한 아이디어와 경쟁사가 제공하지 않는 서비스로 고객의 기대 수준을 넘어서야 한다. 미국의 할인마트인 타깃은 신속한 쇼핑이라는 새로운 가치를 제공하기 위해 추가 계산원을 투입해 경쟁사와 차별화했고, 이는 타깃이 브랜드 이미지를 확고하게 구축하는 데 큰 몫을 했다.

고객 불만을 없애는 것은 쉬운 일이 아니다. 외줄을 타고 건너는 것처럼 아슬아슬하고, 모르는 사이에 기업의 생존을 좌우하기도 한다. 그래서 고객의 불만을 관리하는 것은 관리 담당자만의 영역이 아니라 경영자의 몫이기도 하다.

경영자는 기업의 최고 책임자이기 이전에 그 기업의 가장 일반적인 고객이 되어야 한다. 기존 고객을 읽어야 새로운 고객도 잡을 수 있기 때문에 경영학자들은 한결같이 현장 속으로 뛰어드는 경영자가 성공한다고 말한다. 전염병처럼 빠르게 번지는 고객 불만은 실무 담당자 이전에 경영자의 확고한 결단과 현장 중심주의 없이는 해결할 수 없다는 말일 것이다.

많은 것을 주었는데
받은 건 하나도 없다

글로벌 경영 컨설팅 기업인 베인&컴퍼니에서 고객 서비스 만족
도를 설문조사했다. 대상은 고객 관리 전문가라고 불리는 세계
362개 기업 임원들과 소비자였다.

설문에 참여한 기업 임원들 중 95퍼센트는 "우리 회사는 고객
지향적인 전략을 사용하고 있다"고 했고, 그들 중 대다수가 '우
리 기업은 경쟁사와 차별된 우수한 제품과 서비스를 제공한다'
고 자신 있게 대답했다. 소비자는 어떤 결과를 내놓았을까? 놀
랍게도 소비자들 중 겨우 8퍼센트만이 '거래하는 기업의 제품과
서비스를 신뢰한다'고 답했다.

동상이몽! 한 쪽은 스스로 모든 것을 던졌다고 생각했는데 상대
방은 오히려 무엇을 던졌는지 감조차 잡지 못하고 있었다.

상품 대신
스토리를 팔아라

사람들이 에비앙만 찾는 이유

2012년 초, 코오롱은 신문에 대학생들을 대상으로 일일 아르바이트생 500명을 모집한다는 공고를 냈고, 선발된 아르바이트생들이 강당에 모였다. 업무 관련 교육이 지루하게 이어지던 중 갑자기 무대에서 흥겨운 뮤지컬 공연이 펼쳐졌다. 다들 어리둥절해 하자 회사의 마케팅 담당자가 나와 깜짝선언을 했다.

"사실은 아르바이트생을 모집한 게 아닙니다. 취업난에 지치고 아르바이트를 구하며 열심히 땀 흘리는 여러분에게 작은 즐거움이라도 주고 싶어 서프라이즈 공연을 준비한 겁니다."

깜짝공연에 아르바이트 일당과 신년 다이어리까지 받은 대학생들의 얼굴에는 함박웃음이 번졌다. 이 행사는 트위터와 페이스북 등으로 입소문을 탔고 동영상 공유 사이트인 유튜브에 올라 10만 건 이상의 조회수를 기록했다.

사람들은 왜 이 동영상을 퍼다 날랐을까? 정답은 이야기가 있기 때문이다. 트위터나 페이스북에서 정보를 나누는 과정을 들여다보면 서로 이야기를 나누며 존재감과 관계성을 돈독히 하고 있음을 알 수 있다. 스토리텔링 시대에 살고 있다고 해도 과언이 아니다. 이를 두고 미래학자인 롤프 옌센은 '정보화 사회의 태양이 지고 스토리 중심의 드림 소사이어티가 도래했다'고 표현했다.

상품의 이미지와 성능, 특징, 가격만을 홍보하는 광고는 이제 더 이상 소비자에게 어필하지 못한다. 그래서 새로 등장한 것이 스토리텔링 마케팅이다. 제품이나 브랜드 자체를 강조하기보다는 이를 둘러싼 스토리를 보여줌으로써 브랜드의 호감을 높이고 소비자가 오래 기억할 수 있도록 하는 것이다.

프랑스혁명이 일어난 1789년, 눈 덮인 알프스의 작은 마을 에비앙에 신장결석을 앓고 있는 후작이 요양하고 있었다. 어느 날, 마을의 한 주민이 그에게 이곳에서 나오는 지하수가 몸에 좋으니 마셔보라고 권했다. 주민의 말을 듣고 에비앙 마을의 지하수를 꾸준히 마신 후작은 병이 깨끗이 나았다.

그러자 의학자들이 에비앙 마을의 지하수의 효능을 연구하기 시작했고, 에비앙의 지하수가 알프스산맥의 비가 약 15년에 걸쳐 내려오면서 정화되었다는 사실과 에비앙 지하수에 미네랄을 비롯해 인체에 좋은 성분이 다량 함유되어 있음을 발견했다.

이 소식을 들은 에비앙의 한 주민이 에비앙 마을의 지하수를 단순히 물의 개념이 아닌 약으로 상품화했고, 이 결과 1879년 에비앙 생수는 프랑스 정부로부터 공식 판매허가를 받아 상품으로 판매된 세계 최초의 물이 되었다. 단순히 마시는 물이 아니라 사람을 살리는 스토리를 담았기에 아무리 비싸도 에비앙 생수가 인기를 얻고 있는 것이다.

'못골 라디오방송을 시작합니다'

"기업을 컨설팅하는 사람이 전통시장을 고치겠다고?"

스토리텔러이자 마케팅 컨설턴트인 정영선 씨가 전통시장 사람들을 대상으로 컨설팅을 시작했을 때 모두가 반신반의했다. 얼마 지나지 않아 그만둘 것이라는 이들이 적지 않았다. 전통시장 상인들도 물건을 하나라도 더 팔아야 할 시간에 무슨 교육이냐고 타박하며 비협조적이었다.

그런데 6년이 지난 지금, 그녀가 발을 디딘 시장은 확연하게 달라졌다. 침체된 전통시장을 살리고 시장을 문화체험장과 관광지로 활용해보자는 아이디어가 꿈이 아닌 현실로 이루어진 것이다. 그중에서도 수원 못골시장은 특히 주목해야 할 사례다.

못골시장에 가면 시장 어디서나 라디오방송을 들을 수 있다. 전통시장과는 어울릴 것 같지 않은 라디오방송이 시장 상인들의 삶과 좌절, 희망을 함께하고 있다. 더불어 라디오방송은 못골시장을 수원의 명물로 우뚝 서게 했다.

"못골 온 에어 라디오스타를 시작합니다."

이 멘트로 시작하는 라디오방송은 2009년에 개국한 이래 못골시장 상인들과 시장을 찾는 이들의 소통의 도구로 활용되고 있다. 못골시장의 변화에는 정영선 씨가 있었고, 전통시장의 위기를 이겨내려는 시장 상인들의 절박함이 있었다.

전통시장이 아무리 환골탈태하더라도 현대식 시스템을 갖춘 대형마트와 경쟁하기는 힘들다. 그것은 중년 아줌마와 이효리의 댄스 경연처럼 결과가 뻔했다. 전통시장에 아케이드를 쳐서 햇빛과 바람을 막아준다고 대형 마트에 가던 사람들이 전통시장으로 발길을 돌릴 리 만무하고, 주차장을 만든다고 해서 백화점을 다니는 사모님이 자동차를 끌고 전통시장에 올 리도 없었다. 흔한 말로 올 놈은 오고 안 올 놈은 아무리 해도 오지 않는다.

그런데 정영선 씨에게 꽂힌 것이 있었다. 그것은 전통시장에서 흔하게 오가는 '단골'이라는 말이었다. 그는 '서로 밑천을 다 드러내놓고 속내를 나누는 흉허물 없는 사이'로 마음속까지 허심탄회하게 이야기할 수 있는 관계가 전통시장을 살릴 수 있는 키워드라고 보았다.

못골시장에서 울고 웃는 사람들

사람들의 생활패턴이 바뀌고 현대적인 시설을 갖춘 유통업체들이 하루가 멀게 생기면서 전통시장은 명함을 내밀기가 힘들 정도가 되었다. 이에 따라 전통시장의 위기론이 확산되었고, 이를 극복하려는 일환으로 2008년에 전통시장을 활성화하려는 프로젝트가 시작되었다. 여기에 시공 디자이너·건축가·컨설턴트를 비롯해 다양한 인력이 한데 뭉쳤다. 마케팅 컨설턴트인 정영선 씨도 함께 했는데, 그녀가 맡은 곳은 수원 남문에 있는 못골시장이었다.

이곳은 90여 개의 상점이 옹기종기 모여 있는 작은 골목 시장으로, 주로 식자재를 취급하고 있었다. 90여 개의 상점들 모두가 그 자리에 자리 잡은 지 오래되었고, 저마다 파란만장한 삶을 살아온 까닭에 모두가 한 식구처럼 보였다.

이를 지켜본 그녀는 시장의 시설을 새로 하는 것보다 상인들의 이야기를 시장에 풀어놓고 단골들과 함께 울고 웃는 것이 우선이라고 생각했다. 그래서 착안한 것이 못골 온 에어라는 이름의 자체 라디오 방송이었다.

브랜드 스토리라는 회사를 운영하고 있는 그녀는 소속 작가들과 함께 3달 동안 90개 점포를 일일이 찾아다니며 상인들의 삶과 애로사항을 취재했다. 그들이 어떤 인생행로를 거쳐 못골시장에 터를 잡게 되었는지, 그리고 지금은 어떻게 살고 있는지 등등을 하나하나 소중하게 쓸어 담았다. 그녀의 표현에 따르면, 취재를 하면서 인생의 온갖 희로애락이 한꺼번에 쏟아져 나왔다고 한다. 그들의 이야기는 이후 《우리는 못골시장 라디오 스타》라는 책으로 발간되었다.

상인들이 계획하고, 상인들이 말하고, 상인들을 위해 방송하는 못골 온 에어는 못골시장을 이야기를 파는 시장으로 만들어주는 일등공신이 되었다. 라디오 스튜디오는 시장 내 못골 휴식터 내에 있는데, 스튜디오 밖 공간은 시장을 찾은 손님들을 위한 카페이자 상인을 위한 휴식터로 이용되고 있다. 휴식터 내에 설치된 컴퓨터의 터치스크린을 클릭하면 다양한 요리의 상세한 조리법과 재료를 구입할 수 있는 상점 지도까지 나온다. 못골시장에서의 다양한 서비스는 우리 전통시장이 가야 할 미래 로드맵을 보는 듯하다.

그들은 이곳에서 스토리를 사간다

1970년대 중반, 좁은 골목에 상인들이 하나둘씩 터를 잡기 시작하면서 생겨난 못골시장. 좁은 골목에 상인들은 저마다 조금이라도 더 많은 진열 공간을 차지하기 위해 경쟁적으로 가판대를 늘어놓았고, 가뜩이나 좁은 골목은 행인들이 지나다니기조차 힘들어졌고, 상인들이 이웃 상인과 싸우거나 손님과 몸싸움을 벌이는 일 또한 흔했다고 한다.

이런 시장이 지금은 전국의 대형 전통시장 상인들이 보고 배우러 오는 교과서가 되었다. 아케이드형 지붕이 설치되어 비나 눈이 와도 걱정이 없고, 질서정연하게 늘어선 상점 진열대는 손님들의 통행을 방해하지 않는다. 한 사람이 다니기도 힘들게 보이던 길이 말끔하게 정리되면서 환하게 바뀌었다.

그리고 사람들은 이 시장에서 스토리를 사간다. 시장 상인들이 수시로 진행하는 요리 강습을 받을 수 있고, 상인들의 요리 비법이 담긴 레시피를 얻어간다. 물론 공짜다. 그리고 상인들로 구성된 합창단과 밴드의 공연도 못골시장의 흥겨움을 더해준다. 엄마아빠와 함께 온 아이들은 시장 안의 경제캠프, 미술교실 등의 각종 교육 프로그램을 자유롭게 즐길 수 있다. 그리고 시장을 지나갈 때 스피커에서 들려오는 '라디오스타'의 유쾌하고 흥겨운 이야기에 즐거움이 배가 된다.

왜 블루모션 동영상에 열광할까

흔히 스토리텔링은 창작의 영역으로 생각하는데, 못골시장 사례에서 보듯이 그것은 마케팅의 영역이기도 하다. 폭스바겐의 블루모션이 성공한 것도 스토리텔링을 마케팅에 접목했기 때문이다. 폭스바겐은 연료 효율을 높이고 이산화탄소 배출을 줄이는 친환경 엔진 기술을 개발해 블루모션이라고 명명했다. 블루모션은 폭스바겐의 환경 보호와 에너지 절약의 의지 그 자체였다. 그리고 이 기술을 장착한 차도 같은 이름으로 지었다.

그런데 폭스바겐은 다른 기업들처럼 블루모션의 장점을 대대적으로 홍보하기보다는 스토리로 승부를 걸었다.

'어떻게 하면 사람들이 에스컬레이터보다 계단을 더 많이 이용하도록 할 수 있을까? 그렇게 되면 우리가 사는 지구의 오염을 좀 더 줄일 수 있을 텐데…….'

이 아이디어에서 출발해 실제로 지하철역 에스컬레이터 옆 계단을 피아노 건반 모양으로 바꾸었고, 사람들이 그 계단을 밟을 때마다 피아노 소리가 나도록 했다. 이러자 사람들은 너나없이 편한 에스컬레이터보다는 불편하더라도 기분을 들뜨게 하는 계단을 오르내렸다. 그리고 이를 동영상으로 만들어 유튜브에 올렸다.

폭스바겐은 이 동영상에서 단 한 번도 블루모션을 언급하지 않았다. 하지만 이 동영상은 열광적인 호응을 얻었고, 전 세계 사람들에게 폭스바겐의 환경 보호와 에너지 절약 의지를 일깨워주었다.

이것이 스토리의 힘이다. 과연 기존 방법대로 평범한 신제품 광고로 일관했더라면 오늘날 폭스바겐이 '우리가 사는 이 세상을 좀 더 살 만한 곳으로 바꾸려고 노력하는 친환경 기업'으로 자리매김할 수 있었을까? 그곳에 가면 울고 웃고 함께 하고 싶은 이야기가 있다는 소문이 퍼지지 않았다면 허름한 전통시장이 수원의 대표적인 명물이 될 수 있었을까? 같은 물이라면 굳이 값비싼 에비앙을 고집할 이유가 있을까? 그들이 만들고 판 것은 상품이 아니라 스토리였고, 사람들은 그들에게서 산 것은 상품이 아니라 절실함과 인정, 기적이라는 이야기였다.

그곳만 찾는 이유

내가 단골로 가는 미용실 테이블 한켠에는 여러 종류의 책과 신문이 놓여 있다. 취향에 따라 마음대로 읽을 수 있어 무료함을 달랠 수 있다. 그런데 나를 '다음에도 또 이곳에 오리라' 자극하는 것은 다양한 읽을거리가 아니라 사장의 곰살맞은 질문이다.
"지난번처럼 할까요?"
'나를 기억해주고 있구나.'
"옆 부분 조금 길게 해드릴게요"
'참 세심하구나.'
"두피 손상을 막는 샴푸를 써드릴게요"
'같은 값인데도 배려해주는구나.'
아이가 고객일 때는 이렇다.
"괜찮아, 조금만 참아. 아이 예뻐졌네."
사소한 말 한 마디가 나를 충성 고객으로 만들게 한다. 아니, 미용실 사장은 평범한 고객을 충성도 높은 우량고객으로 만들 줄 아는 훌륭한 마케터다. 고객의 마음은 늘 복잡하지만 때로는 이처럼 단순하다.

맨슈머가
몰려오고 있다

맨슈머가 몰려오고 있다

《화성에서 온 남자 금성에서 온 여자》를 읽어보았는가? 남성과 여성은 서로 다른 별에서 왔다고 할 만큼 성격과 기질이 확연히 다르다. 대화의 핵심보다는 주변 이야기로 시간 가는 줄 모르는 여성에 비해 남성은 직접화법으로 화제의 본론으로 들어가고, 미리 생각하고 표현하는 남성에 비해 여성은 표현하면서 생각한다. 부부싸움의 경우에도 남성은 풀리면서 이해하지만 복잡하기 이를 데 없는 여성은 이해를 해야 풀린다.

이 밖에 남성이 느낌보다 시각이 먼저인 반면 여성은 느낌을 중시하는 것이나, 결과를 따지는 남성과 달리 여성은 과정을 중시하는 것을 보면 남녀는 극과 극이다. 남성은 현실적인 일에 전력하지만 여성은 비현실적에 가까우며, 남성은 어떤 일에 곧바로 행동하는 것이 가능하지만 여성은 마음이 움직여야 행동으로 옮겨진다. 남성이 충고 받기 싫어하는 반면 여성은 간섭받기 싫어한다는 것도 흥미로운 비교다.

우리는 그동안 마케팅을 다루면서 여성에 초점을 두고 연구해왔다. 국내 소비 용품의 80퍼센트 이상이 여성용품으로, 여성을 거대한 시장의 안방마님으로 대우해왔다. 그런데 최근 패션에서 뷰티를 비롯한 다양한 분야에서 남성들의 소비가 증가하는 추세를 보이고 있다. 구매력이 부쩍 커진 남성 소비자를 일컫는 맨슈머(mansumer)라는 신조어까지 생겼을 정도로 남성 소비자는 이제 유통업계에서 무시할 수 없는 세력이 되어가고 있다.

웅진 쿠첸 가습기의 경우 물통을 뒤집지 않고 물을 보충할 수 있게 만들었는데, 이는 남성 소비자를 겨냥한 기획 상품이다. 국내 굴지의 백화점에서는 쇼핑에 지친 남성들을 배려해 남성 휴식공간을 따로 만들었는데, 그곳에 DVD 플레이어 · 홈시어터 · 인터넷 PC · 안마 의자 등을 비치해놓았다. 모유 수유를 권하는 사회 분위기가 퍼지면서 마련된 유아휴게실에 수유하는 아내의 공간 외에 남편 또한 쉴 수 있는 공간을 함께 만들어 놓은 곳도 있다.

남성의 지출이 갈수록 증가해

그간 음지로 여기고 눈여겨보지 않았던 남성 소비자를 위한 시장은 엄청난 파급 효과를 내며 양지로 우뚝 섰다. 국내 남성 화장품 시장은 매년 7퍼센트 이상 꾸준히 신장세를 보여 매출이 9,000억 원 규모에 달하고, 육아용품의 경우 아예 제품 기획 단계에서부터 남성 소비자를 염두에 두고 있다.

2011년 롯데백화점의 고객 성향 조사에 따르면 그해 1월에서 10월 사이 육아용품 구매 고객들 중 남성 고객의 비율이 24.4퍼센트로 2008

년 19.7퍼센트에 비해 4.7퍼센트 가량 증가했다고 한다. 2008년보다 남성 구매 고객 수는 2만 명, 구매 금액은 150억 원 가량 늘어난 것이다. 이들 중 가장 큰 비중을 차지한 연령은 30대로 전체 구매 고객들 중 56.7퍼센트를 차지했다. 이어 40대가 27.8퍼센트, 50대가 6.1퍼센트, 60대가 4.4퍼센트 순이었다. 30대 남성들이 육아용품 구매율 상승을 이끌고 있으며 화장품, 의류에서도 그들의 약진이 눈에 두드러진다.

맨슈머의 등장은 사회와 가족의 변화에서 그 배경을 찾아볼 수 있다. 여성들의 사회 참여가 높아지고 군대·경찰 등 남성만의 영역이라고 믿었던 분야에도 여성들이 진출하고 있으며 이로 인해 성 정체성에 많은 변화가 일었다. 특히 이혼율이 높아지면서 편모 가정에서 자란 남성들이 어머니의 성격이나 관심사, 취미의 영향을 받게 된 것도 한몫 하고 있다.

이들은 각종 남성 잡지를 섭렵하며 패션 정보를 스크랩하고, 남성 전용 화장품 리뷰를 주의 깊게 살피는 등 여성보다 더 꼼꼼하게 상품 설명을 듣고 쇼핑을 즐긴다. 자신이 원하는 상품과 서비스에 적극성을 띠기 시작한 것이다.

30대 맨슈머는 남성들의 트렌드를 선도하며 얼리어답터 역할을 하고 있다. 최신 상품과 서비스를 누구보다 먼저 수용하고 평가하며 확산시킬 뿐만 아니라 정보 습득 능력도 높아 국내는 물론 해외 사이트까지 찾아다니는 노력을 마다하지 않는다.

성공하려면 화성인을 만나라

이들은 감성 마케팅에 대한 호응도가 높다. 감성 마케팅은 1992년 전

후 일본에서 시작한 용어로, 현재 마케팅 전반에 적용되고 있다. 감성 마케팅은 소비자의 감성이나 감정에 영향을 미치는 커뮤니케이션을 구사하는 것으로, 시간이 흐를수록 이성적 소구에서 감성적 소구로 전환하는 남성들에게는 감성적으로 접근하는 것이 효과적이다. 예전에는 기업들이 이성적 소구, 즉 소비자에게 제품의 기능 등을 홍보해 접근하는 방법을 주로 했지만 지금은 소비자가 제품을 안다는 가정하에 정서적 반응을 일으키며 접근하는 감성적 소구를 주로 하고 있다. 오감으로 브랜드를 체험하도록 한 애플, 커피만 파는 장소가 아닌 하나의 문화 공간으로 자리 잡은 스타벅스, 기내에 스테판 플로리안 워터스라는 매력적인 향기를 뿌려 승객들의 오감을 작용하게 한 싱가포르 항공기도 감성 마케팅의 한 예다.

아울러 소비 시장의 대부분을 차지하고 있는 여성에 비해 남성을 위한 전략은 틈새가 적합하다. 남성이라는 특정 소비자를 대상으로 판매 목표를 설정하는 것으로, 아직까지 여성 소비자들에 비해 규모는 작지만 타깃이 분명하다는 점에서 충성 고객을 만들 수 있는 여지가 높다.

예를 들어 블루클럽이라는 남성 전용 미용실은 믿음이 가지 않는 이발소와 여성만 가는 미용실 때문에 출입을 불편해 하는 남성들을 타깃으로 삼았다. 가격도 저렴하고 이발소와 미용실이 가진 단점과 불편함을 개선해 새로운 시장의 가능성을 보여주었다. 한 남성복 매장에서는 각종 색상과 스타일의 옷을 컴퓨터 합성으로 볼 수 있는 전자 거울을 설치해 남성 고객들의 시선을 사로잡았으며, 이에 따른 재구매 비율도 매우 높다고 한다.

고객들의 마음을 사로잡으려는 마케팅 경쟁이 치열해지는 지금, 브

랜드 특성에 맞는 타깃 고객을 대상으로 한 마케팅은 갈수록 증가하
는 추세다. 특히 개성과 패션 욕구가 강하면서도 막강한 소비력을 지
닌 맨슈머는 절대 간과해서는 안 될 소비 계층이 되었다. '성공하려면
화성인을 만나야 한다'는 말은 이제 남의 일이 아니다. 흐름을 읽고
흐름을 만들 줄 아는 경영과 마케팅, 그리고 그것을 실현하는 기업과
사람만이 앞서가는 법이다.

그들이 찾는 것은
따로 있다

국내에서 맥 못 추는 외국 기업

삶은 달걀과 김밥, 그리고 사이다. 이 세 가지는 우리나라 성인이라면 누구에게나 어린 시절에 대한 향수를 불러일으킨다. 요즘 젊은이들과 아이들은 이보다는 피자, 햄버거와 콜라의 조합에 더 길들여져 있지만 그래도 여전히 이 세 가지는 어린 시절의 가슴 설레는 추억을 떠올리게 한다. 기차를 타면 먼저 먹고 싶은 것이 삶은 달걀이고, 소풍 하면 김밥과 사이다가 먼저 떠오른다. 수많은 경쟁 제품이 있음에도 불구하고 국내 한 기업이 생산하는 사이다 한 품종이 매년 1,000억 원 이상의 매출을 올리고 있다는 것을 보면 정서와 습관은 무시할 수 없는가 보다.

과거 전 세계 휴대전화 시장의 대명사였던 모토로라와 노키아가 제패하지 못한 유일한 나라가 우리나라였고, 아이폰의 강세가 두드러지지 않은 곳도 우리나라다. '한국은 외국 휴대전화 시장의 무덤'이라고 부르는 것도 이해할 만하다. 휴대전화 외에도 세계 시장에서 높은 점유율을 자랑하는 기업들이 유독 우리나라에서만 맥을 못 추는 예는 적지 않다. 검색의 지존이라는 구글이 국내 검색 브랜드인 네이버를 따라잡지 못하고, 세계 1위의 대형 할인 매장 월마트가 이마트에 뒤쳐져 중국으로 옮겨간 것은 흔하게 언급되는 예다.

2006년 5월 22일, 세계적인 유통기업 월마트가 국내 토종 유통기업인 이마트에 두 손을 든 날 《뉴욕타임스》를 비롯해 전 세계 언론은 다투어 이를 '다윗과 골리앗'에 비유했다. 신선식품을 매 끼니마다 먹어야 하는 한국 식단의 특징도 그들에게는 이해할 수 없는 독특한 경험으로 비쳐졌다.

그러면서 골리앗인 월마트의 철수와 다윗 이마트의 성공 이면에는 한국인만의 까다롭고 깐깐한 소비 특성이 자리 잡고 있다고 지적했다. 모두가 두려워한 골리앗을 이긴 원천이 한국 소비자들이었으니 그럴 만도 할 것이다. 그래서 전 세계 언론은 '한국 시장에서 통하면 세계 어느 시장에서도 통할 수 있다'고까지 했다.

이 말은 기사에만 국한된 것이 아니다. 인텔의 소노마 노트북, 올림푸스와 소니의 800만 화소 디지털 카메라, 도요타자동차의 렉서스 ES350, 스타벅스의 그린라떼의 예에서도 충분히 증명되었다. 그린라떼의 경우 스타벅스가 웰빙 트렌드에 맞추어 우리나라에서 처음 출시한 제품으로, 반응이 좋자 차 문화권인 다른 아시아 나라들과 미국 매장에도 판매에 들어갔다.

한국 소비자를 주목하다

이런 흐름에 발맞추어 한국 소비자들의 요구를 적극 수용한 제품을 만드는 등 '한국 맞춤형' 제품을 출시하는 외국 기업들이 늘고 있다.

에어컨만 하더라도 전 세계적으로 스탠드형을 선호하는 나라는 우리나라가 대표적이다. 우리나라 사람들이 스탠드형 에어컨을 선호하는 이유는 '힘도 세면서 예술적인 감각이 반영된 조형작품'을 원하기 때문이다. 외국계 회사인 캐리어는 전 세계 최초로 우리나라 사람들의 취향을 반영한 한국형 스탠드 에어컨을 따로 만들어 판매하고 있다. 이는 이후 중국에서도 그대로 적용되었다.

세계적인 가전 브랜드 테팔도 마찬가지다. 기존의 납작한 전기 그릴로는 국과 찌개를 끓이기 힘들다는 국내 소비자들의 요구에 따라 본사 제품과 달리 바닥을 더 깊게 만들고 뚜껑을 추가해 구이요리뿐만 아니라 국물이 있는 전골도 가능한 한국형 그릴을 출시했다. 이처럼 국내 소비자들의 특성에 맞추려는 외국 기업들의 수고는 어제오늘의 일이 아니다.

소비자에게 잘 먹히기 위해서는 소비자의 성향을 알아야 하고 그래야만 성공 가능성도 커지는 법이다. 국내 소비자들의 까다로운 구매 특성이 전 세계적인 관심으로 이어지면서 외국 기업들은 한국 소비자들의 소비 형태와 성향에 더 많은 관심을 갖기 시작했다.

그렇다면 우리나라 소비자들은 어떤 특성이 있을까? 제품을 구입하거나 고를 때 어떤 기준을 먼저 따질까? 이를 이해한다면 기업들로서는 국내 소비자들을 대상으로 한 제품 기획과 마케팅에 큰 도움이 될 테고, 실패 확률을 그만큼 줄일 수 있을 것이다.

깐깐함 속에 숨은 정과 집단의 힘

우리나라 소비자들이 지닌 성향 중 가장 두드러진 것이 상향 추구다. 우리나라 사람들은 40평 되는 집에 살다가 30평 되는 집에는 살지 못한다. 큰 화제를 불러일으켰던 드라마 〈시크릿 가든〉도 재벌과 평범한 여자의 사랑 이야기를 담고 있지만 속내는 역시 상향 추구다. 아파트만 해도 '아파트'보다는 '캐슬'이나 '팰리스'를 더 선호하고, '프리미엄'이나 '고품격', '럭셔리'라는 브랜드가 들어가야 시선이 먼저 꽂힌다.

일부 명품 브랜드나 화장품의 경우 국내와 외국에서의 가격 차이가 심한 것도 국내 소비자들의 상향 추구 경향 때문이다. 이런 성향을 활용한 기업들의 판매 전략이 프리미엄 마케팅이다. 이는 기존 제품보다 가격은 20퍼센트 내지 30퍼센트 비싸지만 품질과 기능 면에서 차별화된 프리미엄급 제품을 출시하는 마케팅 전략을 말한다. 일반 과자가 20여 종이 넘는 원재료와 합성첨가물로 만든 반면 마켓오라는 제품은 엄선된 10가지 천연재료로 만들어졌다는 이유로 일반 과자보다 2, 3배 비싸지만 출시 후 초기 목표의 5배인 약 500억 원의 매출을 올렸다는 점이 이를 잘 보여준다.

상향 추구와 함께 빠트릴 수 없는 것이 감성 추구다. 국내 소비자들은 이것저것 따지기보다는 마음 가는 대로 고르고 싶어 한다. 즉, 왠지 마음이 가는 제품에 먼저 손이 간다. 이성적으로 계산하기에 앞서 감성적으로 끌리는 제품일수록 판매에도 유리해진다. '정'이라는 애매한 콘셉트로 성공한 초코파이 제품이나 삼성그룹이 광고했던 '또 하나의 가족'이라는 카피, '시골 아버님 댁에 보일러 놔드려야겠어요'

라는 보일러 광고는 이런 국내 소비자들의 감성적인 면을 강조한 대
표적인 사례다.

마지막으로 짚어야 할 것은 우리나라 사람들에게만 있는 집단적인
구매 성향이다. 국내 소비자들은 검증되지 않은 상품은 쉽사리 구매
하지 않는 대신 사용한 이들의 경험을 중요하게 생각한다. 누가 무엇
을 구입해 사용해보니 좋았다고 하면 곧바로 구매하는 밴드웨건 효과
가 두드러진다.

국내의 한 광고회사에서 조사한 바에 따르면 '제품을 구매할 때 그
제품에 관해 주위 사람들에게 많이 물어보고 사는가?'라는 설문에 응
한 이들 중 60퍼센트 이상이 '10년 넘게 꾸준히 주위 사람에게 물어
보고 구입한다'고 답했다. 이런 집단구매 성향은 입소문 마케팅으로
여론을 형성하기도 하는데, 기업들이 트위터 · 페이스북 등 소셜 네트
워크에 집중하는 것도 이 때문이다.

'가장 한국적인 것이 가장 세계적'

환경과 삶의 방식이 다르듯이 나라별로 저마다 독특한 소비 성향을
갖고 있다. 우리나라에서는 우리나라 소비자들의 정서와 환경에 맞는
제품이 성공할 수밖에 없고, 마케팅과 홍보 역시 그에 맞추어 진행해
야 한다.

그럼에도 외국 기업들이 유독 한국 소비자들을 주목하는 이유는 분
명하다. 구매에서부터 꼼꼼하고 깐깐하게 따지면서도, 소비 패턴이
빠르고, 사용 후의 반응이 즉각적이기 때문에 개발 회사가 미처 알지
못한 제품의 장단점을 곧바로 알 수 있다. 여기에 자신의 제품 사용

소감을 적극적으로 개진하고, 입소문이 활발하며, 제품 사용에 따른 정보를 공유하는 사이트나 인터넷 카페가 활발한 것도 외국 기업들이 우리나라 소비자들을 무시할 수 없는 요인이다.

국내 기업들은 국내 소비 시장이 너무나 작다고 푸념하기도 한다. 하지만 국내 소비자들의 성향을 제대로 파악하고 이를 적극적으로 활용한다면 외국 기업과의 경쟁에서 이길 수 있을 뿐만 아니라 세계 시장에서도 인정받을 수 있다. '가장 한국적인 것이 가장 세계적'이라는 말은 결코 자기만족을 위한 표어가 아니다.

더구나 이처럼 깐깐하고 적극적인 소비자를 통해 경쟁력을 쌓을 수 있다는 것은 국내 기업들에게 중요한 자산이 아닐 수 없다. 외국 기업들이 우리나라 소비자들을 먼저 찾는 이유도 여기에 있을 것이다.

우리만 알고 있는
한국인의 마케팅

- 메이커를 보고 구매를 결정한다. 세계 상위 순위의 브랜드라고 해도 기업을 모르면 구매하지 않는다.
- 내가 아닌 가족을 위해 소비하고, 실용성보다는 정서적인 측면을 더 고려한다. 외국 소비자들이 꼭 필요한 기능 한두 가지에 만족한다면 한국 소비자는 나 외에 가족과 함께 사용하기 위해 기능이 많은 제품을 선호한다.
- 다른 사람의 정보나 권유에 민감하다. 마케팅 연구가들은 홈쇼핑이 국내에서 급성장한 가장 큰 요인으로 실시간대 중계와 전문가의 추천을 꼽는다.
- 선입견을 활성화하면 잘 통한다. 미국 육류수출협회가 국내 시장에 들어와 고전했던 것은 '수입 고기는 냄새가 난다' 였다. 그래서 이들은 국내 소비자의 편견을 불식시키기 위해 백화점이나 할인점 등에서 매달 시식회를 열었다.
- 과장 광고나 약속 파기는 '독약' 이다. 한국인에게 진실성 있는 접근은 무엇보다 큰 무기다. 만일 과장 광고를 하거나 실현 가능성이 낮은 약속을 한다면 기업 스스로 무덤을 파는 꼴이다. 소비자들의 가장 큰 불만은 '광고와 다르다' 는 것인데, 인터넷 서점 경쟁이 한창 치열했을 때 한 기업이 내건 '24시간 배송'이 지켜지지 않자 '3일 배송' 을 여유 있게 내건 경쟁 업체가 반사 이익을 보았다.

Think
Difference

Part 5

위기라고 말할 때가 기회다

해답은 누구나

알고 있다.

하지만 그것을

재빨리 인식하고,

먼저 기회를 찾는

사람과 기업은

흔하지 않다.

아메요코 시장의 대반란

암시장에서 '전통시장의 르네상스'로

아메요코 시장을 아는가? 폭 8미터, 총 길이가 650미터 정도 되는 도로에 500개의 소규모 점포들이 밀집해 있는 시장으로, 여느 시장과 다를 바 없다. 제2차 세계대전 직후 암시장으로 시작한 이 시장은 하지만 지금은 세계적인 명물로 떠올랐고, '전통시장의 르네상스'로까지 불리고 있다. 전통시장답게 통로가 복잡하고, 세일이라는 팻말과 가격표를 든 상인들의 호객행위가 일상적이다. 지붕을 덮는 아케이드도 없으며, 일부 상점은 아예 난전까지 펴놓고 장사를 한다. 시장 위를 지나가는 철도의 소음과 뒤엉킨 사람들의 행렬, 추위와 더위에 그대로 노출된 이 전통시장이 어떻게 세계적인 명물이 된 걸까?

이 시장을 거론할 때마다 '백화점을 압도하는 전통시장'이라는 표현이 따라붙는데, 그도 그럴 것이 세일 때 몰려드는 인파가 무려 200만 명이 넘는다. 규모는 작지만 몰려드는 인파는 상상을 초월한다.

아메요코 시장은 오늘날처럼 인산인해를 이루기 전까지 부침을 거듭했다. 2000년 중반까지 현대식 대형 마트에 밀려 이름만 남아 있던 이 시장이 지금처럼 활력을 되찾은 데에는 몇 가지 요인이 있었다.

우선 들여다볼 것이 상인들의 핵심 가치다. '어려울수록 핵심가치에 집중하라'는 말은 아메요코 시장에 들어맞는다. 전통시장의 번잡함과 불편함을 오히려 확실한 경쟁력으로 삼은 것이다.

아메요코 시장은 호객행위를 하되 질서 있게, 즉 손님은 반드시 좌측으로 통행하게 하고, 이들을 대상으로 상술을 발휘해 최대한 어필하도록 했다. 1990년 상인들 모임에서는 희한한 결정을 내렸다.

'호객행위를 하게 한다. 다만, 대형 소매점이나 백화점에서는 절대로 할 수 없는, 질서 있는 호객행위를 한다.'

아울러 어디나 정찰제가 자리 잡혀 있지만 이곳에서만은 흥정을 하게 하고 흥정 여부에 따라 20퍼센트 내지 30퍼센트도 할인할 수 있도록 했다. 상인과 손님 간의 흥정을 이 시장만의 이야깃거리로 만든 것이다.

고객 대상에 대한 탁월한 안목도 빠트릴 수 없다. 아메요코 시장은 저출산 고령화로 노인 인구가 급증한다는 사실에 주목해, 1990년부터 격감하고 있는 젊은 연령층의 소비자보다는 시장 주변의 노인들에게 집중했다. 노인은 차를 운전하지 않으며 도심에서 벗어난 대형 할인점을 선호하지 않는다는 점에 착안해, 시장을 노인들이 편하게 즐길 수 있는 공간으로 만들었다.

이런 외부적인 환경 외에 내부 요소도 무시할 수 없다. 아메요코 시장은 일본에서도 가장 질 좋고 싼 제품을 살 수 있는 곳으로 각광받고 있는데, 이는 해당 제품의 최고 유통망을 확보한 전문가로 평가받는 상인들 덕분이다.

그런데 이 시장에서 우리를 감탄하게 하는 것은 아메요코 상인들의 마인드다. 이들은 30여 년간 식품의 비중이 높았던 시장을 골프용품이나 운동화 상점 거리로 바꾸고 있으며, 아예 '싼 골프채, 싼 운동화를 사려면 아메요코로 오라'는 불문율을 만들기까지 했다.

"여기 물건은 왜 이렇게 싼가요?"

고개의 질문에 상인의 입에서는 당연하다는 듯 구호처럼 같은 말이 나온다.

"아메요코이니까요!"

상인이 즐거워야 손님도 즐겁다

일반적으로 기업은 구매 행위를 하는 고객만을 고객으로 우대하는 경향이 있다. 그러다 보니 내부 직원들도 고객과 버금가는 지위를 갖고 있다는 사실을 망각하곤 한다. 기업에게 직원은 기업에 이익을 내는 원동력인 동시에 그 기업의 내부 고객이기도 하다. 직원들이 회사에 만족감을 느껴야 바깥의 고객도 만족하고, 기업도 지속 성장을 할 수 있다. 이는 아메요코 시장에서도 들여다볼 수 있다.

아메요코 시장 상인들은 각종 이벤트를 진행할 때 상점마다 10만 엔에서 20만 엔씩 자발적으로 내고 있다. 내는 돈을 아까워하거나 돈이 어떻게 쓰이는지 시비를 거는 상인은 한 명도 없다. 상인연합회에서 이벤트 진행 과정을 투명하게 공개하고 결과가 모든 상인들에게 고루 돌아가도록 하고 있기 때문이다. 이런 믿음을 기반으로 하자 각종 이벤트 행사 때마다 상인들은 먼저 나서서 톡톡 튀는 아이디어를 내고 있다.

아메요코 시장 상인들은 서로를 아끼고 배려한다. 여성 상공인의 날이나 청년 상인의 날을 정해 그날이 오면 대상이 되는 상인들을 격려해주며, 미래의 고객인 전국의 중고교생을 초청해 상인 체험을 하게 한다. 특히 상인 체험은 10년 전부터 지속되어 온 행사로, 수많은 중고등학교가 결연을 맺고 있다.

이 시장의 성공 사례는 장기불황과 무기력에 빠져 있는 일본인들에게 '미래를 찾는 키워드'로 각광받고 있다. 실의에 빠진 일본 사람들에게 할 수 있다는 힘을 심어주었고, 새로운 것만 찾는 이들에게 신선한 자극을 주었으며, 기존 것이라도 어떻게 가꾸느냐에 따라 새롭게 할 수 있음을 분명하게 보여주었다. 이 시장이 각종 TV와 신문에서 소개하는 대표적인 성공 사례이자, 외국인들이 빼놓지 않고 들르는 관광코스 중 하나가 된 것은 결코 저절로 이루어진 것이 아니다.

심지어 전에는 경쟁할 엄두조차 내지 못했던 백화점과의 경쟁도 역전되었다. 아메요코 시장의 특산물 행사 전단지의 한 쪽에는 시장 근처에 위치한 백화점의 관련 행사 정보가 실려 있다. 이는 전통시장의 넘쳐나는 손님들을 끌어들이려는 백화점의 고육책으로, 이 시장의 명성과 인기를 짐작하게 한다.

'핵심을 키우고, 늘 개혁하라'

아메요코 시장을 언급하는 이유는 그 안에 놓쳐서는 안 될 중요한 경영 노하우가 숨어 있기 때문이다.

그 첫째는, 앞에서도 언급했듯이 정체성 있는 핵심 가치를 발견하라는 것이다. 아메요코 시장은 백화점이 단점으로 지적한 호객행위와 흥정을 자신들만의 주특기로 삼았다. 다들 새로운 것을 벤치마킹한다며 자신의 상황이나 역량을 돌아보지 않은 채 모방에 급급한 데 반해 아메요코 상인들은 자신의 것, 경쟁자가 감히 흉내 낼 수 없는 자신들의 핵심가치를 재발견하고 키우는 데에 집중했다.

둘째, 과거에 머무르지 말고 끊임없이 개혁하라는 점이다. 아메요코 시장은 관광객이라면 누구나 한 번은 거쳐 가야 할 명소가 되었다. 그러나 이 시장의 상인들은 기존의 전통시장에 머물지 않고 수십 년간 꾸준히 보완과 개선을 거듭해, 백화점이 손잡고 싶어 하는 유통 교과서가 되었다. 고객의 휴대전화에 시장의 쇼핑 정보와 지도를 보내는 시스템을 만들었고, 영어 안내는 기본이다. 상품 배열과 구색도 전통시장이라는 천편일률적인 틀에서 벗어나 젊은이들도 올 수 있는 곳으로 바꾸어가고 있다.

마지막으로, 아메요코 시장 상인들은 서로를 격려하고, 비전을 서로 나누며, 미래 고객에 대한 투자를 아끼지 않았다.

아메요코 시장은 일본 유통업계의 유력한 대항마요 반란의 주체로 주목받고 있다. 그리고 오늘도 일본 사람들은 도심에서 부침을 거듭하면서도 좌절하지 않고 오히려 세계적인 전통시장으로 자리매김한 아메요코 시장의 끈기와 역경을 헤쳐 나가는 지혜를 배우고 있다. 위기를 오히려 기회로 삼고, 모두의 힘으로 그 기회를 행운이 아닌 실력으로 만든 아메요코 시장에서 불황을 이기는 노하우를 찾으려는 경영자들의 발길도 끊이지 않는다. 그들은 전통시장에서 경쟁에서 이기는 비결을 배우고자 하는 것이다.

혁신을
혁신하라

잘 나가던 기업이 왜 무너질까

최근 모든 기업들의 중요한 화두는 변화, 혁신, 생존, 네트워크다. 특히 변화와 혁신, 네트워크는 생존과 직결되는 문제로, 경영자들이라면 반드시 헤쳐가야 할 대상이 되고 있다. 미국 컨설팅 회사의 조사에 따르면 5년 된 회사가 여전히 살아남을 확률은 38퍼센트, 20년 된 회사는 10퍼센트, 50년 된 회사의 생존율은 2퍼센트, 100년 된 회사는 0.5퍼센트였다. 얼마 전 131년 된 코닥이 0.5퍼센트 생존율을 지키지 못한 채 파산해 다우지수에는 GE를 제외하곤 100년 된 회사는 찾아볼 수 없게 되었다. 아무리 잘 나가는 기업도 변화하고 혁신하지 않으면 도태되고 마는 세상이다.

그렇다면 이런 의문이 들 것이다.

'왜 잘 나가던 기업이 위기에 빠지는 걸까?'

첫째는, 잘 나가는 기업이라는 자만과 이 때문에 변화에 둔해진 결과다. 세계적인 경영 컨설턴트 짐 콜린스는 그의 저서 《위대한 기업은

다 어디로 갔을까》에서 자만심이 현실 인식을 둔하게 만들고 이 때문에 변화의 타이밍을 놓치면서 몰락의 길을 걷는다고 지적한다.

한때 초우량 글로벌기업으로 많은 기업들의 벤치마킹 대상이 되었던 모토로라와 닌텐도의 예를 보라. 모토롤라는 한때 전 세계 시장점유율이 50퍼센트에 육박하는 휴대전화 업계의 최강자였다. 1990년대 50억 달러였던 연 매출이 270억 달러까지 늘어날 정도로 승승장구했던 모토로라는 그러나 몇 년 지나지 않아 몰락의 길을 걷고 말았다. 글로벌 시장의 변화를 제대로 읽지 못한 채 자만한 결과였다.

1990년 중반, 무선통신 시장이 디지털로 이동하고 있었지만 모토로라의 경영진은 아날로그 기술에 기반을 둔 초소형 휴대 단말기를 출시하는 등 기고만장했다. 사업의 위험성을 경고하는 의견에 경영진은 이렇게 반문할 정도였다.

"4,300만 명의 아날로그 고객이 있는데 뭐가 문제란 말인가."

닌텐도도 모토롤라와 같은 길을 걷고 있다. 닌텐도는 1985년 슈퍼마리오 게임이 들어간 가정용 게임기인 패미콤으로 큰 성공을 거두었다. 이 기세를 몰아 1989년 첫 휴대용 게임기인 게임보이를 내놓았고, 1년 뒤에 출시한 슈퍼NES는 5,000만 대가 팔리는 성과를 냈다. 만드는 족족 대박을 친 것이다. 휴대용 게임기 DS와 wii로 가정용 게임기 시장 1위를 지켰으며, 2009년의 매출은 1조 4,400억 엔에 영업이익 5,300억 엔을 기록했다. 이는 직원 한 명당 10억 엔의 매출을 달성한 것으로, 도요다자동차의 5배가 넘는 숫자였다.

그러나 이들의 대박은 여기까지였다. 닌텐도는 2011년 4월부터 9월까지의 결산에서 573억 엔의 적자를 냈다. 이 결과 '최선을 다하고 운은 하늘에 맡긴다'는 닌텐도의 사명은 둘째치고 정체성마저 흔들리고 있다. 닌텐도의 최고경영자인 야마우치는 새로운 변화에 대비해 시장조사가 필요하다는 임원들의 건의를 일언지하에 거절했다. 그래서 자업자득이라는 말까지 나오고 있다.

"우리가 시장을 창조하는데 시장조사가 왜 필요한가?"

그는 임원들의 건의를 묵살했다. 그만큼 자사 제품이 우월하다는 자만에 빠져 있었고, 흐름을 읽지 못하는 폐쇄성에서 빠져나오지 못했다.

세계를 놀라게 한 자라의 민첩성

여기서 주목할 것은 단순히 혁신을 도입하는 것이 아니라 '어떻게 혁신할 것인가' 다. 이에 대해 하버드대 경영대학원 교수인 글레이턴 크리스텐슨은 '기업이 추구하는 혁신이 존속적 혁신이냐 아니면 파괴적 혁신이냐에 따라 기업의 흥망이 갈렸다'고 언급했다. 존속적 혁신은 수요가 충분하고 소비자가 원하고 있다는 가정 하에 기술을 개선해가는 지속적인 혁신을 의미하며, 파괴적 혁신은 신규 시장을 창출하거나 기존 시장을 재편하는 혁신을 말한다.

앞서 언급한 모토로라의 경우나 워크맨에 집착해 MP3 플레이어 시장에 늦게 진입한 소니, 한때 연간 7조 원이 넘는 영업이익을 올렸던 닌텐도가 현재 적자에 허덕이는 것은 파괴적 혁신을 외면한 대가를 치룬 사례라고 할 수 있다.

그렇다면 파괴적 혁신을 효과적으로 실행하려면 어떻게 할까?

흔히 혁신이라고 하면 기술 혁신을 떠올리기 쉽다. 막대한 연구개발비를 투입해 새로운 길을 열어가는 것을 혁신의 개념이라고 생각한다. 하지만 최근 선진 기업들은 신기술을 개발하는 데에 막대한 자금을 투입하는 것보다는 비즈니스 모델을 혁신하는 것을 선호하고 있다. 고객에게 새로운 가치를 제공하는 비즈니스 모델 혁신은 제품의 수명주기가 짧아지는 소비자 환경의 변화와 치열한 경쟁체제에 가장 적합한 혁신 전략으로 평가받고 있다.

자라(ZARA)는 신상품 디자인에서 완제품 출시까지 걸리는 시간을 획기적으로 줄여 변덕스러운 소비자의 니즈를 충족시켰다. 1975년에 문을 연 자라가 본격적으로 세계에 진출한 것은 1990년 이후였다. 15년이라는 짧은 기간에 스페인의 대표적인 패션업체로 자리매김했고, 이어 굴지의 패션 업체들과 경쟁하기에 이른 것이다.

미국이나 이탈리아, 프랑스 브랜드도 아닌 스페인 브랜드가 어떻게 세계 패션계에서 우뚝 설 수 있었을까? 그 비결은 패스트 패션에 있다. 자라는 매주 화요일과 토요일에 신제품을 출시하는데, 이들이 추구하는 브랜드 에센스는 하이 스트리트 패션(High street fashion)이다. 빠르게 변할 뿐 아니라 그 변화를 놓치면 자칫 소비자들에게 외면 받을 수 있는 패션 브랜드 세계에서 자라가 선택한 것은 트렌드를 선도하는 것보다는 트렌드를 그때그때 신속하게 따라잡는 것이었다. 전 세계적으로 유행을 타는 다른 브랜드를 참고하기도 하고 매장의 매니저, 그리고 고객들의 소비 흐름에서 가장 각광받는 트렌드를 읽어 곧바로 수백 명의 디자이너가 작업에 들어간다.

패션을 분석한 후 매장에 옷이 걸리기까지 딱 2주가 걸린다. 그리고 항공 배송으로 한 발 빠르게 매장에 진열하고, 최적의 제품 분배량을 산출해 전체 매장의 매출 극대화에도 기여한다. 이런 비즈니스 모델이야말로 고객들에게 새로운 가치를 제공하는 혁신이라 할 수 있다.

그런데 여기서 눈여겨봐야 할 것은 성공한 기업들은 제품보다는 독특한 비즈니스 모델에 기반하고 있다는 점이다. 애플의 앱스토어는 모바일 콘텐츠 시장을 새롭게 창조한 전무후무한 사례라 할 만하다. 현재 애플 앱스토어의 다운로드는 250억 회를 돌파하고 있다. 이를 전 세계 인구 70억 명에 대입해보면 1인당 4개의 애플 앱을 갖고 있다고 할 수 있다. 이로써 애플은 힘 들이지 않고 자사 제품의 가치를 높여주는 응용 프로그램 개발자를 수십만 명 확보할 수 있었다.

값은 내리고, 원하는 것을 넣어라

그렇다면 어떻게 해야 기술 혁신의 대안으로 떠오른 비즈니스 모델 혁신을 활용할 수 있을까? 생산 프로세스, 배달 방식, 판매 채널 운영 등 사업 운영 방식, 즉 가치 전달 방식을 바꾸는 것도 비즈니스 모델 혁신 방법일 수 있다. 하지만 이보다 중요한 것은 고객가치를 제안하는 것이며, 과거와 전혀 다른 제품과 서비스를 제공하는 것이다.

이를 위해서는 첫째, 제품과 서비스보다 고객의 가치를 제안해야 한다. 하버드대학의 클레이턴 크리스텐센 교수는 '성공한 기업은 고객이 중요한 일을 해결할 수 있도록 도움을 주는 방법을 알고 있는 기업'이라고 했는데, 이는 고객가치를 이르는 말이다.

인도의 타타그룹을 이끌고 있는 다반나발 타타 회장은 어느 비 오는 날 일가족 4명이 스쿠터 한 대에 타고 가다가 사고를 당한 장면을 목격한다. 자가용이 비싸 온 가족이 스쿠터 한 대에 의지해야 하는 현실을 절감한 그는 저렴하고 안전한 교통수단을 만들기로 결심한다. 그렇게 개발한 것이 중산층 이하의 고객을 타깃으로 한 초저가 자동차 나노였다. 이 차는 자동차의 기본 기능이라 할 수 있는 라디오, 파워 핸들, 에어컨을 제거하는 대신 2,500달러의 초저가를 단행했다.

초저가를 유지하기 위해 기능을 단순화하는 것 외에도 생산라인을 전면적으로 바꾸는 노력도 아끼지 않았다. 부품 수를 획기적으로 줄이고, 값싼 소재를 활용했으며, 부품의 85퍼센트를 아웃소싱했다. 납품 업체의 60퍼센트를 감축하는 등 생산 원가를 절감했으며, 모듈화 디자인으로 외부 주문 업체도 주문받아 조립할 수 있도록 하는 등 조립 및 유통 방식에도 기존 시스템과 전혀 다른 방식을 채택했다.

둘째로, 과거와 다른 제품과 서비스를 판매함으로써 비즈니스 모델을 혁신해야 한다. 이 대표적인 기업으로 힐티를 꼽을 수 있다. 힐티는 원래 건설업자에게 고성능 전동 공구를 팔던 회사였는데, 최근 건설업자로부터 월 수수료를 받고 필요한 공구를 임대해주거나 수리해주는 사업을 시작하면서 괄목할 만한 성과를 거두고 있다. 이는 건설업자가 공구를 구매하는 이유가 공구 소유 자체에 관심이 있어서가 아니라 공사를 적시에 마무리하기 위해서라는 사실에 착안한 아이디어였다.

고객가치와 더불어 다양한 수익 구조를 낼 뿐만 아니라 이런 요소들이 선순환 구조로 상승작용을 일으켜야 한다. 그리고 수행해나가는 비즈니스 혁신을 경쟁사가 모방하지 못하도록 진입 장벽을 견고하게 세워야 한다. 그렇지 못하면 아무리 좋은 비즈니스 모델 혁신도 기업을 혁신시키지 못하며, 오히려 위기를 좌초하는 요인이 될 수 있다.

고객의 속마음을 이해하고 그들이 원하는 것을 줄 수 있는 기업이라면, 고객의 가치를 실현할 수 있는 기업이라면 한때 잘 나갔던 기업으로 남는 일은 면할 수 있을 것이다. 혁신의 시작은 누구에게나 두렵고 불안하다. 하지만 혁신은 관성에 젖어 있던 기업 문화를 변화시키고, 미처 발견하지 못한 새로운 수익원을 만들어준다. 그리고 기업의 꾸준한 성장은 기술뿐만 아니라 고객에게 가치를 제공하는 등의 관행을 뛰어넘는 비즈니스 혁신을 통해서 이루어진다.

비즈니스 모델의 구성 요소

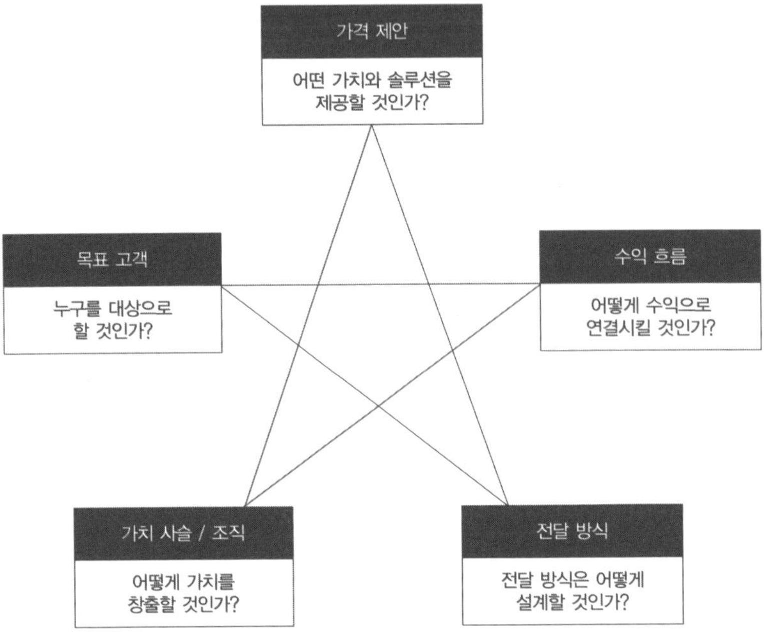

당신에게도 아직 12척이 있다

400년이 지나도 위기는 여전하다

나는 경영 및 마케팅과 관련된 강연을 할 때 이순신을 위기관리 노하우에 연관 지어 언급하곤 한다. 풍전등화 같은 위기를 이겨낸 그의 투지와 도전정신, 실천력을 경영자들이나 일선에서 고객을 가장 가까이 만나는 이들이 체득했으면 하는 바람에서다.

1592년, 조선은 칠천량 해전의 참패로 바닷길을 모두 왜군에게 빼앗겼고, 장수든 수군 병졸이든 모두 몰살당했다. 그나마 유지하고 있던 함선 100척도 물속으로 가라앉아버렸다. 조선 수군은 더 이상 전쟁을 수행할 여력이 남아 있지 않았다. 바다를 빼앗긴 이상 조선의 운명은 시간문제였다. 하늘은 조선을 버렸고, 임금과 대신들은 자신의 목숨을 보존하려고 백성의 안위를 외면했다.

그때, 이순신에게 남은 것은 12척의 낡은 함선뿐이었다. 수군은 아예 없다고 봐야 할 상황이었다. 그는 선조에게 장계를 올렸다.

"임진년부터 5, 6년 동안 적이 감히 충청과 전라 지방에 쳐들어오지 못한 것은 수군이 그 바닷길을 막아낸 때문입니다. 지금 신에게는 아직 12척이 있사오니, 죽을힘을 다해 막아 싸운다면 능히 대적할 방책이 있을 것입니다. 이제 만일 수군을 모두 폐지하신다면 이는 적이 다행으로 여기는 바일 것이며, 호남 해안에서 한강까지 일격에 진격할 것인즉, 이는 신이 가장 두려워하는 바입니다. 전선이 비록 적다고 하더라도 미미한 신이 죽지 아니한 한 적이 감히 우리를 가볍게 여기지 못할 것입니다.”

'아직'이라는 단어, '12척'이라는 숫자, 그리고 '신이 죽지 아니한 한 적이 감히 우리를 가볍게 여기지 못할 것'이라는 글을 마주할 때마다 가슴이 서늘해진다. 그는 왜 처절한 생존의 위기에서 이런 장계를 올렸을까?

그는 말한다.

“살고자 하면 죽을 것이요, 죽고자 하면 살 것이다.”

이는 더 이상의 배수진이 없다는 절박함을 그대로 보여준다.

'당신에게도 아직 12척의 배가 있는가?'

만약 12척이라도 갖고 있다면 '살고자 한다면 죽고, 죽고자 한다면 사는' 지극히 단순하고 평범한 이 명언은 금과옥조가 될 것이다. 새롭게 도약하고자 한다면 위기 상황을 보다 의연하고 정확하게 받아들여야 한다. 위기는 기회를 만들어내는 시발점일 뿐 아니라 행동에 나서도록 독려하는 확실한 무기이기 때문이다.

'신에게는 아직 12척이 있습니다'

당시 적의 함선은 333척이었다. 12척으로 맞서야 하는 조선 수군으로

서는 너무나 두려운 위력이었다. 누구나 그렇게 생각할 것이다. 무슨
수로 20배가 넘는 적과 싸울 수 있단 말인가? 그런데 《난중일기》에는
당시 이순신의 단호한 의지가 엿보인다.

"적의 배가 1,000척이라도 우리 배에는 감히 곧바로 덤벼들지 못할
것이다. 일체 동요하지 말고 힘을 다해 적선을 향해 쏴라."

12척과 333척을 비교해보라. 333척은 단순히 배가 많다는 데 그치
지 않는다. 그럼에도 불구하고 이순신은 아무리 많은 적선이 쳐들어
와도 결사항전 의지는 꺾지 못할 것이라며 대담하게 선포한다.

대개는 눈에 보이는 현상에 의존하거나 평가해 섣부르게 판단하기
쉽다. 하지만 눈에 보이는 것이 전부가 아니라는 것을 이순신은 잘 알
고 있었다. 더 이상 규모의 경제, 1,000척의 배는 최상의 선택이 아니
다. 누구도 범접할 수 없었던 공룡 같은 기업, 은행, 증권사, 그리고
잘 나갔던 이들이 한순간에 힘없이 쓰러진 예를 수없이 목격하지 않
았는가.

"일체 동요도 하지 마라!"

그는 문제의 핵심을 알고 있었다. 그는 싸움에서 이기고 지는 것을
규모가 아니라 정신에서 찾았다. 그가 눈에 보이는 상황을 극복하고
이길 수 있는 통찰력을 찾아낸 것도 그 때문이었다. 당시 바다에 능숙
한 왜군에 비하면 조선 수군은 열세였고 오합지졸이었다. 그러나 조
선 수군이 이순신의 행동 하나, 표정 하나에서 이기는 법을 배웠다.

그리고 이순신은 격한 목소리로 말한다.

"힘을 다해 적선을 향해 쏴라!"

무서운 실행력이다. 조금이라도 흔들려서는 절대 이길 수 없음을
이순신 자신과 조선 수군 모두가 알고 있었다. 배수진도 없는 바다 한

가운데에서 조선 수군이 유일하게 기댈 수 있는 것은 '힘을 다해 적선을 향해' 쏘는 것뿐이었다.

그렇다고 그가 무모하거나 지나치게 낙관한 것도 아니었다. 오히려 그는 명확한 전략을 세워놓고 전장에 나섰다. 그는 대규모 육군 병력을 수송한 왜선들이 남해를 돌아 서해로 북상할 것을 알고 있었다. 정보를 알아야 상황에 대처할 수 있다. 공략할 대상을 알고 나아갈 길을 아는 것은 오늘날 기업 경영과 고객을 끌어들이는 데에도 더없이 중요하다.

왜국 함대가 남해에서 서해로 나가려면 반드시 거쳐야 할 곳이 한군데 있었다. 그곳은 명량 해협이었다. 이순신은 이곳을 결전장으로 삼았다.

경영자들은 고민할 것이다.

'이 상황에서 어디로 가야 옳은가?'

'우리 실정은 어떤가?'

그리고 고민할 것이다.

'경쟁사는 지금 어떻게 하고 있는가?'

이순신도 마찬가지 고민을 했을 것이다.

이긴 후에 싸워야 진짜 승자다

이순신은 명량 해협을 어느 누구보다 잘 알고 있었다. 명량이 어떤 특징을 가진 지역인지, 그곳에서 전쟁을 수행하는 데 어떤 전략을 구사해야 하는지도. 문제는 적과 맞서 싸울 수 있는 체력, 즉 조선 수군의 실정이었다. 당시 조선 수군의 주력함인 판옥선은 크기와 무게 때문에 속도가 느리고 둔했다. 판옥선은 왜군 주력함과 달리 덩치가 커 수군을 많이 실을 수 있지만 기동력이 떨어졌다. 막막할수록 현실을 있는 그대로 받아들이기 쉽다.

그런데 이 막막한 현실을 뚫은 것은 역발상이었고, 지도자를 향한 수군의 믿음이었다. 이순신은 둔한 판옥선을 한탄할 시간에 대신 수군으로 하여금 포와 화살을 더 많이 쏘게 했다. 그리고 조선 수군은 목숨을 다해 싸우는 길을 택했다.

이순신은 알고 있었다. 크기와 무게로 더 이상 나아가지 못할 때, 즉 생존을 위협받는 극한의 상황에 놓였을 때 덩치보다는 자신이 갖고 있는 모든 핵심 역량을 동원해 싸워야 한다는 것을.

명량대첩에서 특히 놀라운 것은 이순신의 탁월한 지략이었다. 왜군과 치열한 공방전을 벌이면서도 그가 염두에 둔 것은 조류의 흐름과 명량 해협의 특이한 지형이었다. 명량 해협이 안고 있는, 급류와 큰 암초로 인한 좁은 폭을 역이용한 것이다. 조선 수군은 급류의 변화에 우왕좌왕하는 왜군을 집중 공략했고, 육중한 판옥선으로 왜선들을 부숴버렸다.

1597년 9월 16일 새벽, 12척의 조선 수군은 333척의 왜군 함선들을 수장시키는, 세계 해전 역사에 길이 남는 승리를 거두었다. 전투가 시작되기 전 주변 해역을 관찰한 후 수로와 빠른 조류를 주목한 전략적 사고와 현장감각, 주어진 상황을 주도면밀하게 살핀 관찰력, 이를 전략으로 활용한 능력이 기적 같은 승리를 이끈 것이다.

만약 당신에게 12척의 배만 있다면 어떻게 할 것인가?

손자는 《손자병법》에서 이와 유사한 상황을 언급하며, '싸운 뒤에 승리를 구하지 말고 먼저 이긴 후에 싸워라'라고 했다. 긍정적인 판단과 마인드는 불리한 상황도 변화시킨다. 전쟁보다 중요한 것은 이기는 싸움을 선택하는 것이다. 온 힘을 다해 싸워 이기겠다는 의지, 하나 된 마음이 어려운 판세를 뒤엎는다. 그것이 12척이라는 열세에서 벗어나 엄청난 경쟁력을 확보하게 한다. 400년이 지난 지금, 그래도 여전히 이순신을 배워야 하는 이유가 여기에 있다. 전쟁은 싸워 이기는 것이 아니라 이긴 후에 싸우는 것이라는 진리…….

흥하고 망하는 건
한순간이다

오늘날 치열한 기업 전쟁에서 이기는 요소는 분명하다. 위기를
기회로 바꾸는 핵심 역량과 명확한 방향 설정, 그리고 살아남을
수 있는 체력을 키우는 것이다. 여기에 경영자의 긍정적인 리더
십도 빼놓을 수 없다. 그런데 현실도 그럴까? 경쟁의 의미는커
녕 자신의 자리도 제대로 찾지 못하는 경영자들이 여전히 많고,
그 때문에 좌초하는 기업이 넘쳐나고, 자신의 의지와는 상관없
이 실업자가 되어야 하는 이들이 한둘이 아니다.

기회를 부르는
위기의 페이스오프

우유를 어떻게 할 것인가

냉장고 속에 있던 우유를 무심코 마시려다가 제조일자를 보게 되었다. 그런데 아뿔싸, 유통기한이 열흘이나 지나고 말았다. 이때 어떻게 대처해야 할까? 마시는 것을 즉시 멈추고 우유를 버려야 할까? 유통기한이 많이 지난 것도 아니니 마셔도 괜찮지 않을까? 유통기한이 지난 우유를 한 모금이라도 마셨으니 서둘러 병원에 가야 할까?

이 질문은 위기 상황에 그 위기를 어떻게 받아들이고 어떻게 관리하는지, 즉 위기를 어떻게 대응하느냐에 따라 기회가 올 수도 그렇지 않을 수도 있음을 가르쳐준다.

유통기한이 지난 우유를 마시는 것을 멈춘 경우 사태를 지연시키지 않고 초기에 대응했다는 점에서 칭찬할 만하다. 하지만 다른 것도 그럴 수 있다는 점에서 위기의식이 부족했다. 유통기한에 신경 쓰지 않고 마시는 경우는 스스로를 완벽하다고 판단해 위기를 위기로 받아들이지 않거나 무모하게 행동함으로써 오히려 더 큰 화를 자초하기 쉽다. 서둘러 병원에 가는 것은 스트레스를 잘 받는 스타일로, 조급한 대응으로 오히려 생각하지 못한 위기를 증폭시킬 우려가 있다. 치밀한 전략보다는 실행에만 몰두하는 기업이 이에 속한다.

기업의 위기는 의외의 현장에서 예기치 않게 벌어지는 경우가 허다하다. 연 매출 3조 7,000억 엔의 거대 기업 도시바가 그랬다. 그것도 고객과 서비스 직원의 너무나 사소한 전화 한 통화에서 시작되었다.

"말을 듣고 있으니 간단하게 말하세요."

직원이 신경질적으로 말했다. 고객의 수다스러운 불평에 직원은 짜증이 났다.

"무슨 말이에요? 그건 당신들의 업무 아닌가요?"

제품의 성능에 불만을 토로했던 고객은 이제 제품은 안중에도 없다. 고객을 대하는 상담 직원의 자세와 말투에 화가 난 것이다.

"업무 방해하지 마. 당신, 상습 불평꾼이지? 이건 업무 방해야! 알았어?"

그렇게 직원은 전화를 끊어버렸다.

이는 고객과 서비스 담당 직원 사이의 단순한 언쟁으로 끝나지 않았다. 직원에게서 폭언을 들은 고객은 녹취 파일을 인터넷에 올렸다. 이 파일을 올린 지 한 달 만에 접속 건수가 200여 건에 이르렀고, 이를 기화로 일본 소비자 단체의 홈페이지에는 도시바의 불친절함에 항의하는 메일이 160만 건이나 몰려들었다. 이어 상습적으로 불평을 늘어놓는 고객을 탓했던 도시바 경영진은 무대응으로 일관했다가 결국 사건이 터진 4개월 후 고객 앞에서 무릎을 꿇고 사과했다.

'그 덕에 문을 넓힐 수 있었지'

제2차 세계대전 당시, 영국 런던에 있는 백화점 입구가 독일군의 폭격으로 무너지고 말았다. 그런데 그 후 백화점 사장의 반응이 의외였다. 자신의 백화점이 폭격을 맞은 것에 흥분하거나 호들갑을 떨지 않고 오히려 흐뭇한 표정을 지었다. 그래서 이를 궁금하게 여긴 친구가 물었다.

"얼마나 괴로운가? 참 나쁜 놈들이야. 그래도 너무 상심하지 말게. 어떻게든 잘될 걸세."

친구의 위로에 그는 웃으면서 말했다.

"괴롭다니? 천만에. 나는 독일군 때문에 오히려 덕을 보게 되었네."

예상하지 못한 그의 대답에 친구는 의아해 했다.

"그게 무슨 말인가? 덕을 보다니?"

그러자 그는 미소를 지으며 대답했다.

"분명히 덕을 보았지. 우리 백화점은 그동안 출입구가 좁아 손님이 드나들기가 많이 불편했거든. 나는 그것을 잘 알고 있으면서도 일을 벌이는 것이 번거로워 차일피일 미루고 말았지. 그런데 마침 입구가 부서져버렸으니 이제 출입구를 충분히 넓히려 하네."

그 후 그는 자신의 말대로 백화점 출입구를 전보다 넓혔다. 그리고 출입구에 이렇게 써 붙였다.

"고객 여러분, 독일군의 폭격기가 고맙게도 저희 백화점의 출입구를 크게 넓혀주었습니다. 그동안 문이 좁아 불편하셨지요? 이제부터는 편안하게 들어오십시오."

로열더치셸, 위기에서 기회를 찾다

로열더치셸을 아는가? 경영학자들은 이 회사를 탁월한 위기관리와 끊임없는 혁신의 대명사로 부르기를 주저하지 않는다.

네덜란드의 로열더치와 영국의 셸트랜스 포트가 합병해 탄생한 석유회사 로열더치셸은 초창기부터 글로벌 정책을 추진했다. 1908년 록펠러의 스탠더드 오일이 장악하고 있던 미국 시장에 과감하게 진출한 것을 시작으로 1910년에 러시아, 1년 뒤에는 이집트, 1913년에는 베네수엘라 등으로 영역을 넓혀갔다. 그리고 1919년, 세계 최초로 대서양 무착륙 횡단 비행에 성공한 존 앨콕과 아서 브라운이 이 회사의 항공유를 사용했다는 사실이 알려지면서 그 명성은 날로 높아져 갔다.

하지만 이들이 글로벌 기업이 되기까지 순탄한 길만 걸어온 것은 아니었다. 100년이 넘는 역사 속에서 두 차례의 세계대전과 1930년대의 대공황 그리고 1970년대 오일쇼크 등을 거쳐야만 했다. 더구나 이 시기에 회사의 주요 자산이 동결되는 등의 힘든 상황도 있었다.

하지만 이러는 중에도 아프리카와 남미 지역에 석유탐사 활동을 전개하는 등 사업 확장 전략을 멈추지 않았고, 1953년에는 네덜란드 기업으로는 최초로 컴퓨터를 들이는 등 신기술 도입에 적극적이었으며, 발생 가능한 위기 상황과 경영 환경에 미리 예측하고 대비하는 시나리오 경영에 주력했다. 이런 위기관리로 로열더치셸은 1970년대 석유수출기구(OPEC) 설립과 오일쇼크를 예측해 대비함으로써 이후 업계의 상위권으로 진출했다.

더불어 미래의 신성장 동력에 능동적으로 투자하는 데에도 주저하지 않았다. 천연가스 부문을 육성할 목적으로 천연가스 탐사 기업을 인수하는 등 발 빠르게 나섰으며, 연구개발 예산 가운데 4분의 1을 풍력과 바이오 연료 등 재생에너지에 투입했다.

위기의 시대, 페이스오프는 생존이다

어느 누구도, 어느 기업도 위기를 바라지는 않을 것이다. 하지만 위기는 스스로 자초하든 환경의 변화로 어쩔 수 없이 다가온다. 단 한 번의 위기도 없이 성공한 사람이나 기업은 절대로 존재하지 않는다. 문제는 위기에 맞닥뜨렸을 때 어떻게 받아들이고 극복하며 어떻게 이끌고 가느냐 하는 것이다. 위기 상황을 슬기롭게 헤쳐 나가거나 위기에서 오히려 기회를 찾아내어 활용한 기업일수록 더 크게 성장하는 일은 흔하다.

그래서 세계적인 변화관리 전문가인 존 코터와 댄 코헨은 이렇게 강조한다.

"자만심에 빠져 있다가 가끔씩 깨어나 급하게 무엇인가 해보려는 20세기형 기업 운영 방식은 이제 더 이상 통하지 않는다. 외부 환경의 변화 속도가 더 빨라지는 상황에서, 성공적인 21세기형 기업이라면 위기의식을 항상 평균 이상으로 높게 유지해야 한다."

인류의 역사가 그렇듯이 기업 역시 위기에 시시때때로 직면하고, 이에 어떤 식으로든 대응하며, 새롭게 등장하는 경쟁사의 도전에 맞부딪히고, 그에 따른 응전을 거듭한다. 그러는 중에 몰락하는 기업도 있고 살아남는 기업도 있으며, 위기 속에서 다른 기업에 흡수되거나 새로운 기회를 찾아 변화하는 기업도 있다.

당신이라면 유통기한이 지난 우유를 어떻게 할 것인가? 고객을 불평꾼으로 내몰아 오히려 고객들에게 외면 받은 도시바처럼 위기에 무감각하고 이를 외면하기에 급급해하다가 더 큰 화를 입을 것인가? 늦었지만 폭격을 당한 것을 새로운 변화의 기회로 삼을 것인가? 세계대전과 대공황, 오일쇼크로 회사의 생존마저 힘겨운 상황에서 새로운 기술을 적극 받아들이고 신성장 동력을 찾아낸 로열더치셸이 될 것인가?

해답은 누구나 알고 있다. 하지만 그것을 빨리 인식하고, 그 안에서 먼저 기회를 찾는 사람과 기업은 흔하지 않다. 페이스오프하는 것은 두렵지만 그렇지 않으면 살아남을 수 없는 현실로, 결코 영화 속의 이야기가 아니다.

내가 먼저
바뀌었다면

웨스트민스터 대성당의 지하에는 묘지가 있다. 그중 관람객들이 가장 많이 찾는 것이 있다. 그것은 영국성공회 주교의 무덤으로, 이는 무덤 앞에 있는 그 주교의 글 때문이다.

'내가 젊고 자유로워서 상상력에 한계가 없을 때 세상을 변화시키겠다는 꿈을 갖고 있었다. 좀 더 나이가 들어 지혜를 얻었을 때 나는 세상이 변하지 않으리라는 것을 깨달았다. 그래서 내 시야를 좁혀 내가 살고 있는 나라를 변화시키겠다고 결심했다. 그러나 그것 역시 불가능한 일이었다. 황혼의 나이가 되었을 때 나는 내 가족을 변화시키겠다고 생각했다. 그러나 아무것도 달라지지 않았다. 이제 죽음을 맞으려고 누운 자리에서 나는 문득 깨달았다. 만일 내가 내 자신이 먼저 바뀌었더라면 그것을 보고 내 가족이 변화되었을 것을……. 또한 그것에 용기를 내어 내 나라를 더 좋은 곳으로 바꿀 수 있었을 것을……. 그리고 누가 아는가? 세상까지도 바뀌었을지…….'

위기에 강한 기업
위기에 약한 기업

IMF는 우리에게 무엇을 남겼는가

'기업은 왜 몰락하는가?'

'기업이 실패하거나 성공하는 원인은 어디에 있는가?'

'IMF는 국내 기업들에게 어떤 영향을 미쳤는가?'

국내 기업들의 흥망사를 언급할 때 빠트릴 수 없는 것이 1990년 말에 터진 IMF 외환위기다. 외환위기로 그전까지 급성장했던 대기업들이 한순간에 무너졌고, 반대로 외환위기를 기회로 내실을 기해 이후 굴지의 대기업으로 성장한 경우도 적지 않았다.

외환위기는 이후 국내 모든 기업들에게 위기를 슬기롭게 헤쳐 나가기 위해서는 기업 내부의 혁신이 얼마나 중요한지 실감하게 했다. 전사적 자원관리(ERP), 공급사슬관리(SCM), 고객관계관리(CRM), 6시그마, 지식경영, 그리고 가치창조라는 말이 외환위기 이후 국내 기업들의 화두로 등장한 것은 결코 우연한 일치가 아니다. 실제로 삼성그룹의 경우 6시그마로 2003년에 총 3조 원 이상의 재무성과를 거두기도 했다.

한때 노사 갈등 · 기업 규제 · 반기업 정서 · 불투명한 경영 여건 ·
기술력 부족 등은 노화 증상처럼 쇠퇴기 산업에 속한 기업들에게 나
타나는 현상으로 여겨졌다. 그러나 1990년 말처럼 지속적으로 높은
성장을 해오거나 안정적으로 수익을 내던 기업들도 주변 여건의 변화
로 갑자기 위기에 빠질 수 있음을 극명하게 보여주었다.

아울러 기업의 성공과 실패는 외부의 자극뿐만 아니라 내부의 문제
로도 좌우될 수 있음을 인식했다. 미국의 거대 에너지 기업이었던 엔
론이 한순간에 무너진 것은 국내 기업이나 경영자들에게 엄청난 충격
을 주었다. 문어발식으로 사업을 확장하다가 회계부정으로 암초에 걸
려 파산한 엔론뿐만 아니라 K마트나 유나이티드항공처럼 전성기를
누리던 기업이 과도한 부채와 수익성 악화로 성장이 멈춘 사례도 적
지 않다.

일각에서는 전성기를 구가하던 국내 기업들이 위기를 맞는 이유를
산업 자체나 수익성 감소, 주식시장의 폭락에서 찾기도 한다. 하지만
이는 나무를 보되 숲은 보지 못하는 우를 범할 수 있다. 똑같은 상황
에서 쓰러지는 기업이 있는 반면 승승장구하는 기업도 있기 때문이다.

변화를 이겨내지 못한 공룡들

지난 1997년은 국내 경제 역사상 유래 없는 엄청난 경제 환란으로 기
억될 만큼 파장이 심했던 한 해였다. 당시 터진 외환위기는 살인적인
쓰나미처럼 국내 경제를 휩쓸었으며, 이 여파로 국내 경제를 떠받들
고 있던 대기업들이 부도, 도산하거나 유동성 위기 등 극심한 어려움

을 겪었다.

외환위기 전까지는 국내 거시경제는 전반적으로 양호했다. 내수의 급격한 위축에도 불구하고 당시 3분기 동안 실질 국내총생산(GDP)이 6퍼센트 성장하고 수출이 급증하는 등 여러 곳에서 청신호가 켜져 있었다. 그럼에도 불구하고 외환위기로 인한 대기업들의 연쇄 부도는 은행의 순자산가치와 은행 보유 주식의 가치 하락 등 금융 시스템을 악화시키는 결과를 낳았다. 이 때문에 국제 신용평가 기관들이 한국 금융기관들의 신용등급을 잇달아 하향조정하면서 해외자금 유입이 얼어붙었다.

그런데 이런 상황에서 몰락을 자초한 기업이 있는 반면 오히려 이를 기업 체질을 바꾸고 성장의 기회로 삼은 기업도 있었다. 이중 전자의 경우는 미래에 대한 예측이 부족했고, 변화하는 환경에 제대로 적응하지 못했다. IMF 이전까지 문어발식 경영으로 사업 확장에 급급했으며, 계열사를 늘리는 과정에서 상당한 자금을 외국에서 들여왔다. 이 때문에 IMF 사태로 환율이 급등하자 해외로부터 들여온 차입금을 갚지 못했을 뿐더러 계열사끼리의 상호보증은 악순환을 가중시켰다.

특히 이들 기업 중에는 회장 1인의 독단 결정을 가능하게 하는 독점적 경영 구조를 갖고 있었는데, 이런 구조는 누가 보더라도 시한폭탄과 다를 바 없었다. 게다가 시대의 변화에 부응하지 못한 채 1960년대나 1970년대 경영 방식을 고수했으며, 정보화 시대에 필수적인 기술개발을 경시했다. 이 결과 스스로 설 자리를 잃어가고 말았고, 이것이 도산을 불러온 불씨가 되었다고 해도 과언이 아니다.

핵심을 키우고, 체질을 바꾸다

후자의 국내 기업들은 IMF 사태가 일어나자 과감하게 구조조정하고 새로운 경영 기법을 도입하는 등 발 빠른 행보를 보였다. 계열사들을 성장 가능성 있는 기업과 그렇지 않은 기업으로 나누어 성장 가능성이 낮은 회사는 과감하게 정리하는 등 대대적인 구조조정을 단행했다. 또한 몇 개의 주력 사업을 선택해 집중적으로 투자하는 등 방대해진 계열사를 최적화했다. 그뿐만 아니라 계열사들을 독립시켜 한 부실기업이 그룹 전체에 영향을 주지 않도록 조치했다.

기업 내부적으로는 선진 기업의 경영 노하우를 도입해 인재를 키우는 데 힘썼고, 체계적인 전략을 세워 안정성이 보장된 상황에서만 새로운 사업을 하는 경영을 택했다. 더불어 총수는 독단적인 결정을 배제하고 전문 경영인의 조언을 듣고 토론하는 등 합의를 이끌어내도록 했다. 나아가 능력 위주의 인사제도와 보상제도를 다양하게 마련해 직원들의 능력을 최대한 발휘하게 하고, 사기를 높여주었다.

점진적인 변화를 모색하며 위기를 극복한 기업도 있다. 각 직원들의 능력을 중요시한 가운데 전 임직원이 한 가족이라는 의지로 똘똘 뭉쳐 IMF라는 위기를 이겨냈다. 이들 기업은 고객 지상주의를 외치면서 서비스 중심으로 고객의 마음을 사로잡았는데, 소비자가 원하는 곳에 서비스센터를 세우고 24시간 서비스 제도를 만들어 고객의 편의를 최우선으로 하는 전략을 도입했다.

여기서 짚고 넘어가야 할 것이 구조조정이다. IMF로 기업의 체질을 개선해야만 살아남을 수 있다는 위기의식은 국내 기업들에게 사업문화 단위(CU)를 만들어 비슷한 계열끼리 묶음으로써 시너지 효과를 발휘하도록 해주었으며, 구분이 확실한 계열들을 분리함으로써 자회사들이 독립적으로 운영할 수 있도록 했다. 또한 계열사 간 복잡한 출자구조로 얽혀 있었던 것을 지주회사 아래 여러 자회사를 둠으로써 출자는 지주회사가, 경영은 자회사가 하도록 했다.

아울러 미래 핵심 부문에 집중적으로 투자하고, 투명경영과 책임경영으로 직원들로부터 조직에 대한 신뢰감을 갖도록 하는 등 국내 기업의 주력 사업을 키우고 체질을 바꾼 것도 IMF 이후의 일이다. IMF는 국내 기업들의 현실을 여과 없이 보여주고, 위기에 강한 기업과 위기에 약한 기업의 흥망이 어떤지 절실하게 드러내주었다.

생존경쟁력이 경영이다

위기에 성공한 기업은 미래를 보는 눈이 밝았고, 상황 대처 능력이 빨랐으며, 따라서 시대에 걸맞게 적응하고 발전해나갈 수 있었다. 반면에 실패한 기업의 경우 기존 보수 세력을 여전히 유지하고 변화 없는 전략으로 일관했다.

구조조정 면에서도 성공한 국내 기업들은 완벽한 독립을 이루었을 뿐만 아니라 선택과 집중의 논리에 입각해 주력 사업을 키우는 데 힘썼다. 하지만 실패한 기업은 외부로는 투명 회계를 강조하면서도 내부에 항상 비리가 상존한 채 기술개발이나 이미지 쇄신에 무관심해 시장에서조차 뒤쳐지고 말았다.

이 때문에 기업의 성공과 실패, 몰락과 적응의 양날의 칼을 쥐고 있는 경영자들은 순간순간마다 고민하지 않을 수 없다. 자칫 한순간의 결정과 판단이 기업 전체를 몰락시킬 수 있기 때문에 말 한 마디, 행동 하나에도 의미를 담아야 하고 상황을 늘 놓치지 말아야 한다. 그리고 실패를 예측, 보완하고 기업의 생존경쟁력을 견고하게 해야 한다.

물론 이런 결정과 판단, 과정은 너무나 힘들고 고된 일일 것이다. 그러나 그것이 두렵거나 외면하고 싶다면 그 자리에 있을 이유가 없다. 그 자리는 그래서 힘들고 고독하고, 그래서 존경받아야 할 자리다.

회사는 왜 말귀를
알아듣지 못할까

얼마 전, 국내 한 기업을 퇴직한 직원들의 뼈아픈 충고가 화제가
되었다.

그들은 회사가 눈앞에 있는 것에만 몰두한다고 지적했다. 혁신
적인 프로젝트 몇 개를 제외하면 대부분은 일반인이 보기에 기
겁할 내용이 수두룩하다고 했다. 지나친 보안정책 때문에 연구
원들이 아이디어를 조사할 방법이 막혀 신기술을 개발할 여력을
포기할 수밖에 없었으며, 경영진이나 팀장이 코멘트하면 그 말
의 진위 여부와 상관없이 모든 결정이 이루어진다고 지적했다.

한 고비를 넘기고 혁신을 부르짖는 기업도 자칫 방심하면 변화
의 대상이 될 수 있다는 지극히 당연한 사실을 왜 깨닫지 못할
까?

나를 버려야
진짜 혁신이다

'고쳐라, 매각하라, 폐쇄하라'

제너럴일렉트릭(GE)은 제프리 이멜트 회장이 참석한 가운데 '획기적인 상상'이라는 대형 컨퍼런스를 개최했다. 이 컨퍼런스는 GE의 30개 계열사 제품들 중 10여 개의 실패작을 뽑아 원인과 해결책을 토론하는 자리였다. 이 행사는 6시그마라는 무결점주의 경영 전략을 추구했던 GE가 공개적으로 실패를 인정하는 그야말로 자기 파괴의 현장이었다.

GE의 창의적 자기 파괴를 언급하려면 잭 웰치 회장을 거론하지 않을 수 없다. 그가 최고경영자로 취임할 당시 GE는 건실한 기업으로 인정받았고 전 세계 산업계를 선도하는 기업으로 여겨졌다. 그러나 그는 GE를 세상의 평가처럼 단단한 회사로 보지 않았다. 오히려 벼랑 끝에 매달려 있는 기업이라고 단정했다.

"고쳐라! 매각하라! 그렇지 않으면 폐쇄하라!"

이것이 제8대 GE 회장으로 취임한 그가 내뱉은 첫마디였다. 그는

108년 역사를 지닌 미국의 대표 기업이 삼류로 전락하는 위기를 극복하기 위해서는 전사적인 개혁이 필요하다고 역설했다. 그리고 곧바로 행동으로 옮겼다.

가장 먼저 세계 1위나 2위가 될 가능성이 없는 사업을 과감하게 처분하거나 폐쇄했다. 취임 초기 언론으로부터 '173센티미터의 땅딸막한 키, 근육질의 체격, 그에게는 버스 수리공이 더 잘 어울린다'는 혹평을 받았던 그가 350개 사업부를 12개 사업부로 축소하는 획기적인 구조조정을 감행하자 주변에서는 '그의 혁신은 한물간 복합기업을 재구성한 것뿐'이라거나 'GE 사업의 포트폴리오는 잡동사니에 지나지 않는다'고 비아냥거렸다.

그러나 그의 '창의적인 자기 파괴'에 따른 실적은 실로 기념비적이었다. 취임 후 15년간 400여 개의 사업 또는 생산라인을 폐쇄하고 전체 종업원의 4분의 1인 11만 2,000명을 해고했다. 반면에 1985년 RCA를 인수해 방송사업 네트워크를 구축했고, 텔레비전 제조 회사를 톰슨에 넘기는 대신 톰슨으로부터 전략 사업인 의료기기 부문을 인수하면서 경쟁사인 지멘스를 압도했을 뿐 아니라 의료기기의 유럽 시장점유율을 15퍼센트까지 상승시켰다.

애플이 PC에만 매달렸다면

최근 구글의 모토로라 인수 후 IT업계에는 창의적 자기 파괴 현상이 흔하게 나타나고 있는데, 대표적인 예가 휴렛 팩커드(HP)의 행보일 것이다. 휴렛 팩커드는 시장에서 1위를 지키고 있던 PC사업을 구조조정 차원에서 분사하겠다고 선포하며 태블릿폰과 스마트폰 사업에서 손을 떼기로 했다.

선도 기업에서 수익성 있는 사업 분야를 변경하는 창의적 자기 파괴는 애플에서도 찾아볼 수 있다. 과거 애플은 컴퓨터 회사였다. 1997년에 설립한 이 회사는 2007년 애플컴퓨터라는 사명을 버리고 애플 Inc.로 변경했다. 컴퓨터를 만들던 회사에서 MP3플레이어를 만들고 IPTV, 스마트폰을 만드는 회사로 탈바꿈했을 뿐만 아니라, 하드웨어만 제조하는 것에 그치지 않고 아이폰의 앱스토어로 스마트폰에 소프트웨어를 공급하는 영역으로까지 확장했다. 나아가 아이튠즈를 이용해 MP3와 비디오의 유통에도 참여한 것은 자신의 비즈니스 영역에서 빠져나온, 자기 파괴 전략이 있었기에 가능했다.

만일 애플이 컴퓨터 제조와 판매에만 매달렸다면 오늘날 초일류 기업으로 우뚝 설 수 있었을까?

상생 플랫폼을 건설하라

그렇다면 과연 자신의 영역을 파괴하는 것만으로 혁신이 완성될까? 성공의 실마리는 상생의 생태계를 만드는 것이다. 애플, 구글 등의 IT 대표 기업들이 승승장구하는 이유도 그들이 협력자인 콘텐츠 제공자들과 강력한 파트너십을 바탕으로 한 상생 플랫폼을 주도하고 있기 때문이다. 혼자만 갖는 것이 아니라 개방하고 나누어 오히려 더 큰 시장을 만들고 있는 것이다.

상생 플랫폼을 발전적으로 이어가기 위해서는 오픈 플랫폼을 지향해야 하는데, 구글은 철저하게 이 원칙에 따라 운영하고 있다. 구글맵, G메일, 캘린더와 오피스 등의 API(응용 프로그램 인터페이스)를 개

방해 외부의 웹 서비스와 상호 작용할 수 있도록 했다. 구글이 가진 기반 기술력 외에 열린 플랫폼으로 사용자가 단순히 서비스를 받는 데 그치지 않고 직접 응용 프로그램과 서비스를 개발할 수 있도록 했다. 그리고 이를 통해 외부의 서비스들과 동반 성장할 수 있는 시스템을 구축한 것이 성공의 큰 몫을 했다.

애플의 경우 처음에는 철저하게 폐쇄된 플랫폼이었다. IBM 호환 PC처럼 개방적인 하드웨어 개발에 동의하지 않고 매킨토시처럼 오로지 자신들만이 만들 수 있는 하드웨어를 개발했으며, 소프트웨어의 판매까지 제삼자가 개입하는 것을 허용하지 않았다. 이는 시스템의 안정과 매킨토시 고유의 사용자 인터페이스(UI)를 지키려는 목적이었다. 하지만 이런 정책은 메킨토시의 판매점유율을 답보 상태에 빠지게 했다. 이런 난관을 겪은 후 애플은 기존 전략에서 탈바꿈해 상생 구도를 만들어갔다.

아이팟으로 제공되는 아이튠즈는 불법 MP3 다운로드로 음반 판매에 어려움을 겪던 음반 제조업체와 음원 저작권자들에게 희망을 주었다. 아이튠즈로 합법적으로 음악을 유통하는 장을 만들어주면서 애플은 새로운 플랫폼을 구축할 수 있었다. 그 플랫폼은 이제 오디오, 전자북, 비디오 등으로 영역을 넓혀가고 있다.

파괴적인 전략으로 서야 할 때

여기서 한 가지 질문을 던져보자. 파괴적 혁신 전략은 선도 기업에게만 적합할까, 아니면 후발 기업에도 새로운 기회를 마련해줄까?

일반적으로 볼 때 선도 기업은 지속적인 혁신을 기반으로 발전한다. 선도 기업은 경쟁 기업에 비해 제품의 기능을 강화해 가격을 높게 책정할 수 있고, 규모의 경제로 생산단가를 낮추므로 더 많은 이윤을 거두어들일 수 있다. 그러나 어느 순간 고객은 마음이 바뀌어 개선된 기능에 프리미엄을 지불하고 싶어 하지 않으며, 기술 혁신은 기능의 과잉으로까지 느껴진다. 이 때문에 선도 기업은 이도저도 하지 못하는 딜레마에 빠지는데, 이런 상황에서 후발 기업이 파괴적 혁신전략으로 역전의 기회로 삼을 수 있다.

우리나라 자동차의 대표 주자인 현대자동차와 기아자동차도 초기에는 값싸고 기능이 단순한 소형차로 시장에 접근했다. 이후 자신의 틈새시장에서 성능과 디자인을 꾸준히 개선하면서 보다 큰 시장에 단계적으로 진입했다. 이들은 도요타자동차가 원가를 절감하고 이윤을 극대화하려는 아웃소싱 전략에서 비롯된 품질 문제로 휘청거릴 때 상대적으로 저렴한 가격에 일정한 수준의 성능을 안정적으로 제공할 능력을 갖춤으로써 선도 기업의 시장을 파괴하면서 시장을 장악해나갔다.

1980년대 GM은 자사 직원을 도요타자동차에 보내 기술 교류를 한 적이 있었다. 그 직원은 도요타자동차가 GM이 개발 중인 신기술을 벌써 시험까지 끝낸 상황이라는 사실을 알고 충격을 받았다. 또한 도요타자동차는 GM과 같은 대수의 자동차를 생산하는데도 절반의 노동력밖에 들지 않는다는 점을 알아내고 미국에 돌아간 즉시 이 사실을 경영진에게 보고했다. 하지만 GM 경영진은 그 직원의 보고를 묵살했고, 이후 기고만장하던 GM은 2008년 파산하고 말았다.

이들 사례처럼 기업은 종종 '우리 회사는 다른 회사와 다르다'거나, '우리는 잘하고 있다'는 식으로 타성에 젖기도 하고, 자사가 가진 기술에만 과도하게 의존한다. 창의적 파괴의 동력을 활용하기에 인색하다. 하지만 자신을 부정하고 파괴해 새로운 블루오션으로 나아가는 것은 날로 치열해지는 기업 경쟁 속에서 살아남고 성장하는 데 필수적이다.

힘들겠지만 버릴 줄 아는 결단, 자신이 가진 것을 파괴해 새롭게 변모할 수 있는 결단이야말로 오늘날 기업들이 급변하는 흐름 속에서 살아남는 지혜이자 경영자들이 반드시 지녀야 할 리더십 중 하나다. 위기라고 말할 때가 기회고, 그 기회는 자신을 깨고 나오는 데에서부터 시작한다.

Think
Difference

Part 6

변화는 선택이 아니라 필수다

굳어버린 경영은

더 이상 경영이 아니며,

현실에 안주하는 전략은

더 이상 전략이 아니다.

변화는 저절로

생기는 것이 아니라

만들어가는 이들의

몫이다.

눈앞의 고릴라를 보지 못하는 이유

'고릴라를 보지 못했습니까'

'보이지 않는 고릴라'를 아는가? 심리학 교재에 빠지지 않는 '투명 고릴라 실험'에서 나온 이 말은 사람의 인지능력이 얼마나 불안정한지를 잘 보여준다. 실험은 이렇다.

검은 옷을 입은 3명, 흰 옷을 입은 3명의 이들이 각각 팀을 이루어 농구공을 주고받는 화면을 실험 대상자에게 보여준다. 이들은 공을 공중에 던지기도 하고 땅에 튕겨 같은 팀에 건네기도 한다. 실험에 참가한 사람들은 화면에서 흰 옷을 입은 팀의 패스 횟수를 세기만 하면 된다. 참가자들은 열심히 흰 옷을 입은 팀의 패스 횟수를 셌고, 동영상 실험이 끝난 후 자신 있게 말했다.

그런데 정작 실험의 의도는 다른 데에 있었다.

"사람들 말고 눈에 띄는 것은 없었나요?"

이 질문에 실험 참가자들은 똑같이 대답했다.

"없었습니다!"

"혹시 고릴라를 보지 못했나요?"

이 질문에 다들 어리둥절한 표정이었다.

"고릴라라고요?"

1분이 채 되지 않는 이 영상에서 고릴라 옷을 입은 한 사람이 등장해 카메라 정면을 보고 가슴을 두드리고는 아주 천천히 화면 밖으로 나갔다. 그런데 놀랍게도 실험 참가자들 대부분이 고릴라가 나온 것을 알지 못했다. 다시 영상을 재생해 살펴본 참가자들은 당연히 고릴라를 발견했고, 천천히 등장해 천천히 사라진 고릴라를 알아보지 못한 것에 한동안 말문이 막혀버렸다.

자기가 보고 싶은 것만 본다

하버드대 교수인 크리스토퍼 차브리스와 대니얼 사이먼스가 주도한 이 실험은 심리학 역사상 가장 재미있고 독창적인 실험이라는 찬사를 받았다. 이 실험으로 두 사람은 2004년에 기발한 연구에 주어지는 이그노벨상을 수상했고, 이 실험 결과는 《뉴욕타임스》와 《월스트리트저널》 등에 실렸으며, NBC 방송은 이를 다큐멘터리로 만들어 소개했을 정도였다.

이 실험은 눈에 보이는 것이 전부거나 사실이 아닐 수 있다는 것을 알려준다. 고릴라가 검은색이라 검은 옷을 입은 출연자들과 혼동될 수 있다는 우려가 있어 고릴라 대신 빨간 십자가 모양으로 수정한 화면을 보여주었는데도 십자가를 전혀 보지 못했다는 이들이 30퍼센트나 되었다. 이 실험에서 두 교수는 '사람은 자신이 보고 싶은 것만 본다'는 사실을 알아냈다.

　2011년, 국내 한 신문사에서 이 실험을 그대로 재현해보았다. 프로농구가 진행되고 있는 인천의 한 체육관에서 이를 이벤트로 위장해 해본 것이다. 사회자는 지능 측정 이벤트라며 관객들에게 전광판의 화면을 보라고 주문했다. 30초가량 되는 영상에는 흰 옷을 입은 사람 3명과 검은 옷을 입은 사람 3명이 뒤섞여 농구공을 주고받고 있었다. 사회자는 흰 옷을 입은 사람들끼리 몇 번의 패스가 오고 갔는지 세어보라고 했다. 그러나 속뜻은 패스한 횟수가 아니라 영상에 사람 말고 다른 것도 나왔는가, 사람만 나왔는가 하는 것이었다.

　이벤트 주최 측에 응답 문자를 보낸 관객 580명 중 45.7퍼센트인 265명은 '뭔가를 보았다'고 답했고, 이중 205명만 정확하게 고릴라를 보았다고 했다. 나머지 315명은 '아무것도 보지 못했다'고 했다. 두 교수의 지적처럼 '자신이 보고 싶은 것만 본다'는 것을 입증한 것이다.

　이 실험에서 고릴라를 보지 못한 것은 패스한 횟수를 세는 데만 집중했기 때문인데, 이런 인식의 오류를 심리학에서는 '무주의 맹시'라고 부른다. 자기가 보고 싶은 것에 집중하느라 정작 중요한 것을 놓치고 마는 것이다.

경영자도 보지 못하는 고릴라

일상에서의 착각은 사소한 실수로 이어지지만 때로는 재물이나 건강, 생명까지 위협하는 치명적인 피해를 야기할 수도 있다. 기억력이 착각을 일으켜 무고한 사람을 범인으로 몰기도 하고, 잘못된 지식과 판단으로 파산에 이르거나 세계적인 금융위기를 초래하기까지 한다.

　착각과 착시는 경영자들에게도 흔히 나타나는 현상이다. 경영자들은 눈에 보이는 것만이 사실이라고 믿는 함정에 빠지기 쉽다. 자신이 직접 보지 않거나 경험하지 않은 것은 결코 일어나지 않으리라 착각해 변화하는 흐름을 제대로 읽지 못하거나 간과해버린다.

그들 중에는 자신이 결정을 내린 것은 끝까지 진행하려는 아집이 있다. 이는 자신의 실패를 공개적으로 인정하기 싫어하는 이들에게서 흔히 나타나는데, 과거의 좋지 않은 결과라도 무조건 밀어부쳐 회사의 경영에 치명적인 영향을 미치는 일이 적지 않다.

과거의 자료나 추세만을 중시하거나 늘 하던 대로 자신에게 편한 방식을 고수하는 것도 치명타가 될 수 있다. 불확실한 상황에서 과거의 자료나 추세는 심리적으로 편안함을 안겨주기는 하지만 이에 집착할 경우 잘못된 의사 결정을 하게 되고 결국에는 창의적이고 혁신적인 사고를 가로막을 수 있다.

아울러 장기간 한 분야에 몸담은 경영자일수록 다양한 주장이나 관점을 받아들이기보다는 자신이 갖고 있는 지식과 정보, 사고의 틀에서 자료나 정보를 선별하거나 흡수하려는 경향을 보인다. 자신감과 고집스러움은 칭찬할 일이기는 하지만 그것이 자만심과 맹신으로 이어질 수 있다는 사실을 주의해야 한다.

무주의 맹시에 빠져 있지 않은가

나는 직업상 경영자들에게 컨설팅을 하는 일이 잦기 때문에 경영 위기에 봉착한 그들의 고민을 듣는 경우가 종종 있다. 그런데 내가 만난 경영자들 중에는 자신의 능력을 과대평가하는 경우가 적지 않았다. 자신만이 모든 상황을 통제할 수 있다고 믿거나, 자기 마음에 들지 않는 것은 의사 결정 과정에서 무조건 배제해버리기도 했다. 폴라로이드가 무너진 것도 그런 이유에서였다.

폴라로이드는 탁월한 사진 기술을 기반으로 하는 전통적인 연구개발(R&D) 기업이었다. 그런데 일회용 카메라의 대명사로 불리던 폴라로이드의 경영진은 디지털 카메라로의 시장 변화를 받아들이지 않았고, 경쟁사와 소비자들의 변화조차 중요하게 여기지 않았다. 그 결과 매출은 감소했고 자금 흐름도 원활하지 못해져 경영까지 위축되는 상황을 자초하고 말았다.

2008년, 《생존경쟁력》을 집필하면서 나는 국내외 기업들의 흥망사를 되짚어보았고, 그러는 중에 '왜 그때 경영자가 위기 상황을 심각하게 받아들이지 못했을까' 궁금해졌다. 그리고 마침내 그 궁금증은 경영자도 무주의 맹시에 빠질 확률도 높고 때로는 인지 오류에 빠질 수 있다는 결론으로 이어졌다.

크리스토퍼 차브리스와 대니얼 사이먼스 교수의 고릴라 실험은 인간이 완벽한 존재가 아니라는 것을 부각시키려는 실험이 아니라 오히려 이는 누구나 착각을 일으킬 수 있음을 깨닫고, 자신과 세상에 대한 잘못된 사고와 행동을 최대한 줄여야 한다는 점을 강조하고 있다. 그리고 이 실험의 결과는 의사 결정 하나로도 회사의 성패를 좌우할 수 있는 경영자들에게 금과옥조라고 해도 과언이 아니다.

경영자들이 저지르는
4가지 인지 오류

- 문제를 과소평가한다 | 기업의 운명을 좌우할 만한 환경의 변화를 감지하지 못하는 것으로, 과도한 낙관주의, 경영자 자신이나 기업의 역량에 대한 과도한 자신감, 새로운 정보를 받아들일 자세가 되어 있지 않은 보수성이 합쳐진 결과다.

- 문제를 왜곡해서 받아들인다 | 객관적인 사실을 인정하지 않고, 경영자 자신의 지위와 개인적인 경험에 따라 주관적으로 판단하려고 한다. 이런 오류를 최소화하기 위해서는 과거 의사 결정 유형들을 분석해 당시 시행된 자료들을 체계화하고, 현재 사업의 성패에 영향을 끼칠 수 있는 관련 정보들을 정리해두어야 한다. 그리고 의사 결정 시 '무조건 반대자'를 지정해둠으로써 간과할 수 있는 위험 요소들을 꼼꼼하게 챙긴다.

- 과거와 같은 대안을 선택한다 | 다른 문제인데도 과거에 해결했던 문제와 같은 것으로 생각하기도 한다. 과거의 패턴에 입각해 똑같은 잣대로 문제를 평가하는데, 그에 따라 자신의 기억에 익숙한 과거의 대응 방식을 선택, 실행하는 악순환을 되풀이하고 만다.

- 부분적인 정보에만 집착한다 | 과거로부터 축적되어 온 근거 있는 정보보다 최근의 시사적인 정보에만 현혹되기도 한다.

굳어버린 전략은
전략이 아니다

차를 마시고 신차도 구경하고

필자의 사무실이 있는 건물 1층에는 특이한 커피 전문점이 있다. 이곳은 얼핏 보기에는 여느 커피 전문점과 다르지 않지만 내부에는 i40와 제네시스 프라다 · 벨로스터 등 최근 출시된 자동차들이 전시되어 있다. 커피를 마시러 온 사람들은 처음에는 어색하고 어리둥절해 하지만 곧 익숙해져 차에 시승도 하고 내부의 각종 기기를 작동해보곤 한다.

국민은행은 최근에 대학생 전용 통장을 개설했는데, 기존 통장의 상식을 깬 방식으로 히트를 쳤다. 100만 원 미만의 소액 통장에는 연 4퍼센트의 금리를 주고 100만 원이 넘는 경우에는 연 0.1퍼센트의 이자를 주는, 소액을 우대하는 역발상적으로 고객에게 접근했다. 이 결과 국민은행은 20만 명이 넘는 대학생을 잠재고객으로 끌어들였다.

경기 침체기나 패러다임의 전환기에는 이처럼 원리원칙에 벗어난, 탈교과서적인 방법이 오히려 도움이 되는 경우가 의외로 많다. 그렇다고 핵심가치를 벗어나 관심만 일으키는 이벤트에 치중한 것도 아니다.

전략경영의 대가인 마이클 포터는 불황기임에도 불구하고 구태의연한 전략을 구사하는 기업들에게 불황일수록 경쟁사가 절대 따라올 수 없는 독특하면서도 복제할 수 없는 가치를 고객에게 제공해야 한다고 지적했다. 비슷한 제품과 서비스를 단지 싼 값에 제공하는 것은 경쟁력이 아니며, 상황에 따라서는 그 때문에 경쟁사에게 오히려 뒤질 수 있다고 강조한다.

아울러 그는 어떤 부분에 강점을 갖고 있는지 파악하는 일 못지않게 포기할 부분을 분명히 하는 것도 중요하다고 말한다. 요즘처럼 자원의 제약이 심할 때는 적절하게 포기하는 것이 효과적이라는 것이다. 남들과 비슷한 마케팅과 공급망, 애프터서비스 등 차별성 없는 가치사슬로는 경쟁사를 이길 수 없기 때문이다.

남과 같으면 이길 수 없다

또한 성장이 둔한 시기에 모두가 한 분야에서 최고의 서비스로 치열하게 경쟁하는 것은 모두가 망하는 최악의 선택으로, 특정 고객에게 제공할 수 있는 나만의 독특한 가치를 찾는 것이 우선순위라고 그는 지적한다. 이케아가 다른 가구 회사들과 달리 '디자인이 단순하고 조립하기 편한 가구'를 가치로 소비자들에게 크게 어필했으며, 파카가 개인 트럭운전자들을 대상으로 디자인이 차별화된 트럭을 선보여 북미 시장에서 성공을 거둔 것도 경쟁 기업들과 다른, 자신만의 독특한 가치를 찾은 결과라고 그는 말한다.

이 사례를 언급하면서 그는 핵심가치에 충실하되 경쟁사가 복제하거나 추종할 수 없는 가치를 고객에게 제공하는 역발상적인 접근이 저성장기에 살아남는 효과적인 방법이라고 강조한다.

이런 예는 우리 주변에서도 흔하게 볼 수 있다.

서울우유는 소비자들이 유제품을 살 때 유통기한에서 구매 일자를 빼 그 차이로 신선도를 따진다는 것을 알아냈다. 그런데 문제는 제조업체들마다 유통기간이 다르므로 소비자가 이런 방법으로 신선한 우유를 고르기가 쉽지 않았다. 그래서 서울우유는 파격적으로 기존 유통기한에 제조일자를 병기했다. 이것은 소비자들로 하여금 제품에 신뢰를 갖게 했으며, 이 결과 판매량은 하루 800만 개에서 1,000만 개로 25퍼센트 늘었다.

서울시 강남구 삼성동에 위치한 파크 하얏트 서울 호텔의 로비는 호텔의 최고층인 24층에 있다. 대부분의 호텔 로비가 1층에 자리 잡고 있는 것과는 정반대다. 이 호텔을 처음 찾는 투숙객은 1층에 엘리베이터밖에 없어 당황해 하지만 체크인하려고 24층에 발을 내딛는 순간 한눈에 들어오는 한강 풍경에 가슴까지 시원해진다. 더구나 늘 번잡하고 소란스러운 로비가 조용하고 쾌적해진 것에 감동을 받는다. 사생활 보호라는 점에서도 호응이 크다.

'여기에는 무엇이든 있습니다'

2011년, 국내 TV에도 소개된 일본의 다이신 백화점은 역발상의 효과를 잘 보여준다.

이 백화점은 일본 도쿄 오타구 상점가의 외진 곳에 위치해 있다. 이 지역은 대형 백화점과 8개의 마트가 상권을 다투는 곳으로, 부자에서

서민들까지 18만 명이 밀집한 도쿄의 대표적인 생활경제 지역이다. 장기불황과 소비감소 속에서 살아남으려고 매일매일 전쟁이 벌어지는 이곳에서 다이신 백화점은 6년 연속 지역 내 매출 1위를 기록하고 있다.

그런데 다이신 백화점은 이름만 백화점이지 실상은 큰 슈퍼마켓이라고 봐야 옳을 정도다. 일본 백화점협회에도 등록되어 있지 않지만 백화점이라는 명패를 그대로 달고 있다.

백화점이면서도 이름이 무색한 이 백화점이 다른 백화점과 대형 마트들을 따돌리고 6년 연속 지역 내 매출 1위를 지켜온 것은 30년 넘게 매장을 채워주는 단골 할머니들의 힘이 컸다. 다른 백화점에서는 거들떠보지 않는 할머니들을 집중 공략하는 소상권 전략을 구사한 것이다. 이는 현재 이 백화점을 찾는 고객의 70퍼센트가 50세 이상이라는 점에서도 잘 나타난다.

상품 전략도 고령자의 눈높이와 입맛에 맞추었다. 이 백화점에서 판매하는 상품은 18만 종으로, 구식 제품에서 최신 상품까지 다양하게 구비되어 있다. 김치와 된장도 이곳에서는 쉽게 찾을 수 있고, 수세미와 칫솔 등 슈퍼마켓에서 취급하는 제품도 진열되어 있다. 더구나 골동품 상점에서나 만날 수 있는 100년 된 비누는 물론 세탁과 탈수가 나뉜 오래된 세탁기까지 이 백화점에는 없는 것이 없다. 지역 주민들에게 없어서는 안 될 인프라 역할을 톡톡히 하고 있는 셈이다.

아울러 노인들의 식사량과 기호를 배려해 소량 팩 코너를 늘 마련해두고 있는데, 이는 경쟁 업체들의 대용량 저가 판촉과는 반대되는 마케팅 전략이다. 더구나 이 백화점에서는 고객이 찾는 제품이 없으면 다른 지역을 찾아가서라도 그 제품을 구비해놓는다. 한마디로 무한 서비스를 제공하는 있는 것이다.

다이신 백화점의 니시야마 사장은 이 백화점의 서비스 정신을 이렇게 말한다.

"굳이 없어도 되는, 희한한 물건이 이곳에 있다면 그것은 고객들 중 누군가가 원해서 놓아둔 것입니다. 그중에는 1년에 단 4개만 팔리는 것도 있습니다. 그 상품은 당연히 적자죠. 하지만 그것을 사려고 오는 고객은 다른 것도 삽니다. 단 한 명이라도 늘 사용하던 것이 진열대에서 사라졌다면 얼마나 서운하겠습니까?"

그는 효율적이고 좋은 서비스란 상품을 값싸게 조달하는 것이 아니라 고객이 원하는 상품을 마음으로 전달하는 것이라고 지적한다. 그래서 그는 종업원들에게 고객을 마음으로 접대하라고 늘 주문하고, 고객이 원하면 어떤 상황이라도 들어주도록 하고 있다. 노인들에게 손자처럼 밀착해 영업하며, 지역 주민들과 친분을 유지하는 것도 이런 이유에서다. 그러다 보니 충성고객들도 자연스럽게 증가했다고 그는 말한다.

일본의 경우 대형 슈퍼마켓에서는 종업원을 찾아보기 힘들다. 종업원이 옆에 있는 것을 싫어하는 소비자들을 위해서다. 그런데 다이신 백화점은 정반대다. 백화점 입구부터 어느 곳에서나 쉽게 종업원을 만날 수 있으며, 언제든 종업원에게 도움을 요청할 수 있고, 종업원은 수시로 고객의 문의에 응대하고 있다. 고령자, 임산부, 장애인의 경우 쇼핑을 마치면 종업원이 물품을 집까지 배달해주는 것도 다이신 백화점이 지역 내 1위를 지키는 요인 중 하나다.

진짜 시장은 통념 뒤에 있다

다이신 백화점의 사례를 보면 굿이어와 미쉐린의 싸움이 떠오른다.

1990년대 초반, 타이어 생산 업체인 굿이어와 미쉐린은 미국 시장에서 치열한 경쟁을 벌였다. 둘 중 한 회사가 수명이 3만 킬로미터인 타이어를 개발하면 경쟁 업체는 막대한 개발비를 들여 수명이 6만 킬로미터인 타이어를 내놓았다. 그러면 다시 경쟁 회사가 수명이 10만 킬로미터인 타이어를 개발하는 식의 경쟁을 반복했다. 이 결과 소비자들의 제품 구매 주기가 점점 더 길어졌고 매출과 수익에 악영향을 미쳤다. 두 회사의 싸움이 오히려 두 회사의 매출을 가로막는 요인이 된 것이다.

이에 굿이어는 제 살 파먹기 식의 미쉐린과의 타이어 수명 경쟁을 멈추었다. 대신 빗길에서 제동거리를 줄여주고 주행 안정성을 높여주는 신제품을 출시했는데, 안정성이라는 특화된 강점을 부각시킨 이 타이어는 굿이어를 미국 내 타이어 시장 1위로 올려주었다.

제한된 시장에서 한정된 고객을 서로 유치하려다 보니 출혈경쟁을 마다하지 않게 되고, 그것은 처음에는 이득이 될지 모르지만 장기적으로 보면 자신의 살을 파먹는 결과로 돌아온다. 대형 백화점과 8개의 마트가 위치한 지역에서 다이신 백화점도 같은 영업방식만 고수했다면 지금과 같은 성과를 거두지 못했을 것이다. 더구나 오타구 상점가에서도 외진 곳에 위치한 다이신 백화점이.

이 백화점의 영업 방식은 아날로그적인 서비스로, 효율성에 의문을 가질 수도 있고, 구태의연하다고 비난할 수도 있다. 그런데도 불구하고 여전히 6년 연속 지역 내 매출 1위를 지키고 있다면 그만한 이유가 있지 않은가.

고정된 원리나 법칙에 의존해 상황에 맞는 전략을 세우는 것은 누구나 할 수 있지만 상황을 적극적으로 활용하는 것은 결코 쉬운 일이 아니다. 백화점이라는 권위를 벗고 비관적인 지역 상황을 오히려 장점으로 승화시킨 다이신 백화점. 이는 통념을 깨는 것은 어렵지만 통념을 깨는 것이 얼마나 큰 이득이 되는지 분명하게 보여준다. 이기는 기업은 무엇이 다른지, 경쟁력 있는 경영은 어디에서 시작하는지 이 백화점을 통해 힌트를 얻을 수 있다.

상황을 읽지 못하는 굳어버린 경영은 더 이상 경영이 아니며, 상황을 헤쳐 나가기보다는 현실에 안주하는 전략은 더 이상 전략이 아니다. 그리고 변화는 저절로 생기는 것이 아니라 만들어가는 이들의 몫이다.

그들이 16년 동안
놓치고 있었던 것

2011년 6월, FBI는 16년 동안 추적해온, '미국에서 가장 잡고 싶은 10대 범죄자' 중 한 명인 제임스 화이티 벌저를 체포했다. 19명의 살인을 사주한 보스턴의 갱스터로 오사마 빈 라덴과 동급의 지명수배 용의자로 지목되어 온 그의 행방을 16년 동안 찾아다녔지만 허사였고, 200만 달러의 현상금도 쓸모가 없었는데 FBI의 한 요원이 '발상의 전환'을 한 지 겨우 하루 만에 잡은 것이다.

그 요원은 그의 여자 친구가 그와 동시에 사라졌다는 점에 주목했고, 이에 FBI는 주부들이 TV를 즐겨 보는 평일 낮 시간대에 그녀를 찾는 광고를 내보냈다. 광고비는 5만 달러였고 그녀의 현상금은 10만 달러로, 그에게 걸린 200만 달러에 비하면 턱없이 적은 액수였다.

하지만 FBI가 광고를 내보낸 지 단 하루 만에 산타모니카의 한 아파트에서 "그녀를 본 것 같다"는 제보가 들어왔고, FBI는 잠복 끝에 그곳에서 숨어 있던 그와 그녀를 체포했다. FBI는 화이티 벌저를 잡는 데에만 몰두해 16년이라는 엄청난 시간과 비용을 허비했지만 한 요원의 역발상으로 단 하루 만에 해결한 것이다.

필름 왕국 코닥은
왜 파산했을까

영원할 것 같았던 '코닥의 순간'

2012년 1월, '필름업계의 제왕' 코닥이 무너졌다. 코닥은 카메라와 필름의 대명사로, 전성기 때는 미국에서의 시장점유율이 90퍼센트에 달했다. 그리고 누구나에게 카메라 하면 코닥이었고, 코닥 하면 카메라였다. 더구나 코닥은 131년을 이어온 명문기업이었다.

코닥이 사진 필름을 개발하기 전까지 사진 촬영이란 전문 사진사들의 고유 업무였다. 커다란 사진기는 작동 방법이 복잡했고, 사진을 찍을 때마다 무거운 유리 인화판을 바꾸어야만 했다. 그래서 사진 촬영은 중노동에 가까웠다.

이런 불편함을 지켜본 코닥은 전문가가 아닌 일반 대중이 사용할 수 있는 가벼운 카메라를 만들기 시작했고, 누구나 간편하게 촬영할 수 있도록 사진 필름을 개발해 유리 인화판을 대체했다. 여기에 그치지 않고 브라우니라는 카메라를 개발해 25달러 하던 카메라 가격을 파격적으로 1달러로 낮추어 카메라 시장을 거의 석권했다. 이처럼 타깃을 바꾸어 시장을 휩쓴 코닥이 100년이 훨씬 넘는 역사를 뒤로 한 채 산소호흡기에 연명해야 한다는 사실은 충격이 아닐 수 없다.

2012년 1월 19일, 코닥은 법원에 파산보호신청을 해 몰락을 기정사실화했다. 주가는 90퍼센트 이상 폭락했고, 주당 가격은 0.47달러에 그쳤다. 더구나 이익이 나지 않는 신규 사업과 엄청난 퇴직자 연금 및 건강보험 비용이 인수의 악재가 되어 남은 희망마저 기댈 수 없는 처지가 되고 말았다.

이런 상황에서 《월스트리트저널》에 실린 기사는 1970년대와 1980년대를 휩쓴 코닥의 전성기를 되돌아보게 한다.

"한 전직 근무자는 당시의 코닥을 이렇게 회상한다. 당시 코닥은 현재의 애플이나 구글 같은 회사였다. 사내 대학은 젊고 똑똑한 인재들로 넘쳐났고, 점심시간에는 사원들이 강당에서 영화를 보며 자유롭게 즐길 정도였다. 그 당시 미국에서는 오랫동안 기록하고 싶은 순간을 코닥의 순간(Kodak moment)이라 부르기도 했다."

"이보다 할 일 많으니 다른 일을 해"

이처럼 희망과 찬사를 받던 회사가 어떻게 파산이라는 벼랑에 선 걸까? 디지털카메라가 보급되면서 몰락의 길에 선 코닥에 아이러니한 것은 1975년, 코닥의 한 기술자가 디지털카메라를 이미 개발했다는 점이다. 하지만 경영진은 디지털카메라가 가져다줄 시장성을 확신하지 않았을 뿐더러 기존 사업모델을 무너뜨릴 것이라는 생각에 이를 상용화하지 않았다. 심지어 디지털카메라를 개발한 기술자에게 이렇게 말했다.

"흥미롭네. 아주 잘했어. 그런데 이것 말고도 할 일 많으니 다른 일을 하게."

이러는 사이 경쟁사인 후지필름은 1988년 디지털카메라를 시장에 출시했다. 코닥처럼 후지필름도 디지털카메라가 당시로서는 수익성이 낮다는 것을 잘 알고 있었다. 하지만 시대적인 트렌드를 읽고 이를 수용했으며 사업다각화로 디지털카메라 시장에 집중했다. 카메라 필름 부문의 인력을 대대적으로 감축하고, 보유한 화학기술을 동원해 관련 사업에 진출하는 등 후지필름은 디지털카메라 시장이 넓어질 것에 대비했다. 이는 디지털카메라 시대를 늦추려고 기존 카메라에 마케팅 비용과 지출을 늘린 코닥과는 너무나 대조적이었다.

코닥의 불행은 여기서 끝나지 않았다. 코닥은 선택과 집중에도 실패했는데, 1980년대와 1990년대에 화학, 의료용품, 욕실, 세정제까지 여러 사업을 전전했다.

2005년 도산한 독일의 아그파와 같은 길을 코닥도 걷고 말았다. 아그파는 1889년 흑백필름을 개발했고, 1936년에는 세계 최초로 컬러필름 판매, 1959년에는 세계 최초로 자동 노출 기능을 갖춘 카메라를 선보인 굴지의 기업이었다. 하지만 디지털카메라가 보급되면서 전통적인 사진 필름과 인화지의 매출이 급감했고, 2001년까지만 해도 사상 최고를 기록한 전 세계 필름 판매량도 그 뒤 디지털카메라의 열풍에 밀리고 말았다.

비슷한 상황과 역사를 가진 아그파가 몰락한 것을 지켜보면서도 코닥은 세계 5대 브랜드 중 하나라는 오만함과 특허가 많아 특허료만 받아도 운영이 가능하다는 나태함이 발목을 잡고 말았다.

어제의 성공은 어제의 성공일 뿐

과거의 영화에 집착한 나머지 혁신을 위한 노력을 게을리 한 코닥의 사례는 흔히 블루오션 전략에서 말하는 전략적 이동의 중요성을 절실하게 일깨워준다.

　나는 초우량기업으로 존경과 부러움을 한 몸에 받던 기업들이 왜 지속적으로 성장하지 못하고 심지어 10년도 지나지 않아 역사 속으로 사라지는지 궁금했다. 그렇게 국내외 기업들의 흥망사를 들춰보면서 결론은 하나로 모아졌다. 문제는 기업이나 산업 자체가 아니라 어떻게 전략적으로 이동할 것인가 하는 시점에서 잘못된 의사 결정을 한 탓이고, 그것이 뒤늦은 후회를 낳은 것이다. 코닥의 몰락은 양손에 든 기회 앞에서 전략적 이동을 하지 못한 채 옛 영화에만 집착한 결과였다.

　코닥의 몰락은 코닥 한 기업에만 머물지 않는다. 획기적인 아이디어와 시장 점유로 우뚝 선 기업들 중에는 어제의 성공에 취해 안일해지고, 경쟁 업체들의 견제를 무시하는 자만에 젖는 일이 적지 않다. 흔히 말하는 '성공의 저주'라는 늪에 빠지고 마는 것이다. 혹시 당신의 회사는 그렇지 않은가?

한국 기업들이
놓치고 있는 것

2010년 5월, 혁신경영 전도사인 피터스카르진스키는 국내 한 신문사와의 인터뷰에서 국내 기업들에게 뼈있는 고언을 던졌다. "한국 기업은 놀라운 성취를 이루었지만 이제까지 선진 기업의 빠른 추종자였지 시장의 리더는 되지 못했다. 따라서 한국이 글로벌 경쟁에서 승자가 되려면 먼저 혁신자가 되어야 한다."

변화를 거부한
바이킹의 비극

바이킹은 어디로 갔을까

뛰어난 항해술을 바탕으로 영국 등 유럽 각국에 발을 디뎠으며 척박한 땅 그린란드에 뿌리내렸던 바이킹을 아는가?

일찍부터 뛰어난 항해술을 지니고 있었던 그들에게 전쟁과 모험, 전리품의 갈망 등은 해외 진출을 촉진시켰다. 그리고 그들의 무자비한 침입과 약탈은 다른 민족에게 '해적 민족' 으로서의 공포심을 갖게 하기에 충분했다.

1,000년 전 바이킹족은 노르웨이를 출발해 북대서양을 지나 커다란 섬에 상륙했다.

이들이 거주했다고 알려진 그린란드는 노르웨이에서 2,400킬로미터 이상 떨어진 얼음과 돌산의 동토였다. 그들은 984년부터 500년간 이곳에 정착해 살면서 남서해안 지대에 푸른 초지를 발견하고 소와 양을 키웠을 뿐만 아니라, 이곳에 성당과 교회를 세우고, 철로 연장을 만들어 사용했다. 기록에 따르면 1000년경에는 인구가 5,000명에 육박했다고 한다. 그런 그들이 어느 날 갑자기 역사에서 사라졌다.

1500년대 후반, 사람들이 그린란드를 찾았을 때 그곳에는 잘 지어진 유럽 도시의 흔적과 원주민인 이누이트족(에스키모)만 남아 있었다. 바이킹족은 어디로 갔고, 어떻게 역사에서 사라진 걸까?

변화를 거부한 그들의 최후

에스키모가 지금까지 이어오고 있다는 사실로 볼 때 그린란드는 거주가 가능한 땅임에 틀림없다. 그럼에도 불구하고 바이킹, 노르만족은 오래 버티지 못했다. 전문가들은 이들의 멸망이 새로운 환경에 적응하기보다는 과거의 유럽 생활 방식을 고수하는 데만 집착했기 때문이라고 밝혔다. 이곳에서 바이킹은 반달표범을 사냥하면서 살아가던 이웃 에스키모와 교역하고 그들을 벤치마킹하기보다는 적대적인 관계를 유지했다. 그들은 자신을 자원이 부족한 동토에 정착한 민족이 아니라 기독교인이자 유럽인으로 생각했고, 목초지가 척박한 동토에 살면서 유럽에 살던 때처럼 목축을 고집했다. 추운 날씨에 적응하려면 에스키모의 두툼한 소매와 모자가 달린 모피 옷이 제격이었지만 그들은 유럽의 패션을 따라 하기에 급급했다.

에스키모는 지천에 깔려 있는 눈으로 이글루라는 집을 짓고 고래와 바다표범의 기름을 태워 집을 난방하고 불을 밝혔다. 골조에 바다표범 가죽을 씌운 우미악이라는 이름의 배를 타고 너른 바다로 나가 고래를 사냥했다. 고래는 먹을거리가 부족한 그린란드에서 훌륭한 식량이었다. 이 밖에도 에스키모는 벙어리장갑, 작살, 부레로 만든 부표, 개썰매 등 1500년대 후반에 다시 찾아온 유럽인들조차 깜짝 놀라게 한 생존기술을 갖고 있었다.

그러나 바이킹은 에스키모의 생활양식을 미개하고 야만적인 것으로 간주했을 뿐만 아니라 그들이 즐겨먹었던 생선조차 입에 대지 않았다.

바이킹이 역사에서 사라진 데는 지나친 자만심과 변화된 환경에 적응하지 못한 오만함이 큰 몫을 했다. 생존에 도움이 되는 쪽으로 생활 방식을 바꾸지 않았으며, 바이킹의 습성을 그대로 유지한 것이 몰락한 원인 중 하나가 되고 말았다.

최후의 바이킹은 1400년대 어느 시점에 모두 사라진 것으로 보인다. 죽음의 원인은 추위와 배고픔, 그리고 마지막까지 처절하게 싸우다가 생긴 부상 때문이었다. 결국 변화를 거부한 대가로 끔찍한 종말을 맞이한 것이다.

바이킹의 몰락은 지금도 계속 된다

이런 사례는 지금도 그대로 적용되고 있다. 루슨트 테크놀로지는 1996년 미국 AT&T 사에서 분리해 독립할 때만 해도 매출 40조 원, 전 세계 12만 5,000명의 종업원을 거느린 세계 최대의 통신기기 제조업체였다. 그러나 명성이 빛바래기 시작한 것은 1999년부터였다.

루슨트 테크놀로지는 무선 시대가 다가오는 것을 인지하지 못한 채 교환기에 막대한 자금을 투입하면서 경영은 급속도로 악화되었다. 루슨트 테크놀로지가 과거의 기술에 안주해 있는 사이 인터넷을 기본으로 기존 교환기를 사용하지 않고도 통신 인프라를 구축하는 기업들이 잇달아 등장했다. 매출과 이익이 줄어드는 것을 간파하고 상황의 변화를 깨달은 루슨트 테크놀로지는 선두 자리를 물려주고 신기술을 보유한 업체를 흡수, 합병하려고 시도했지만 때는 이미 늦었다. 프랑스의 알 카텔에 경영권을 넘기려 했으나 이 또한 무산되고 말았다. 이러한 사례는 루슨트 테크놀로지에만 국한된 것이 아니다. 채산성이 떨어지는 복사기 사업에 주력하다 어려움을 겪은 제록스도 이와 다를 바 없다.

상황을 오판하거나, 자신의 위치가 오래갈 것이라고 착각하고 내린 잘못된 의사 결정이 튼실한 기업조차 바이킹처럼 만들 수 있음을 결코 잊지 말아야 한다. 진화하지 못한 채 현실에 안주하거나 현실에 집착하는 결과는 굳이 언급하지 않아도 알 것이다. 그럼에도 불구하고 당신은 왜 지금 이 상황이 변하지 않을 것이라고 생각하는가?

진화하는 기업만이
살아남는다

'우리는 더 이상 화학기업이 아니다'

1802년에 설립한 장수기업 듀폰은 미국 경제지 《포춘》이 1955년부터 매년 발표해온 세계 500대 기업에서 한 번도 빠진 적 없는 저력 있는 회사다. 나일론 스타킹과 칫솔을 세계 최초로 만들어 판매한 회사로 유명한 듀폰은 현재 세계 4위의 종합 화학기업이다. 하지만 우리는 듀폰을 더 이상 화학기업으로 부르지 않는다.

표면코팅제인 테플론, 기능성 소재인 라이크라, 고강도 인조섬유인 케블러 같은 혁신적인 제품으로 세계 화학섬유업계를 100년 가까이 지배해온 이 회사는 충격적이라고 불러도 좋을 만큼 변신을 거듭해왔다. 주력 사업인 에너지, 제약, 화학섬유 분야를 과감히 포기하고 농·생명공학, 대체에너지 관련 특수소재를 핵심으로 하는 과학기업으로 전환해왔다.

듀폰은 2004년 본업인 섬유 부문은 물론 석유와 제약 부문도 매각하고 종자 회사를 인수해 농업과 바이오 연료 분야 등으로 사업 포트폴리오를 확대해나갔다. 2009년에는 그룹 차원의 개발비 중 절반을 농업, 영업 분야에 투입했으며, 농·생명 공학 부문이 매출 30퍼센트를 차지하는 등 명실 공히 과학기업으로 자리매김하고 있다. 이처럼 변신을 거듭하면서 성공한 저력은 어디에 있을까?

시스템을 만들고, 인재를 키워라

시대의 메가트랜드를 감지해 이에 맞도록 사업부를 개편하고 신제품의 개발 방향을 결정하는 시스템을 갖고 있다는 점을 우선 꼽을 수 있다. 듀폰은 자체적으로 선정한 4대 메가트랜드인 인구 증가로 인한 식량 부족, 화석연료 대체, 인간과 환경보호, 신흥시장의 지속적인 성장에 입각해 꾸준히 변신을 추진해왔다.

태양광, 전기차 등 그린에너지 분야에 대대적으로 투자하고 있는 듀폰은 태양전지에 사용하는 EVA(에틸렌 초산비닐 공중합 수지), 태양전지용 벡시트 등 10여 개 소재에서 이미 독보적인 지위를 확보하고 있으며, 2010년에 출시한 라튬 이온 배터리에 쓰이는 에너게인은 배터리 수명을 50퍼센트 정도 연장시킬 수 있어 향후 전기차 수요에 적합한 제품으로 인정받고 있다.

장기 비전에 입각해 사업의 변신이 가능하도록 10년에서 20년에 걸친 연구 개발 시스템을 운영하고 있는 점도 무시할 수 없다. 10년, 20년 뒤의 핵심 사업을 고민하고 단계별로 이어지는 과정을 관리하고 있는데, 아이디어를 생성하는 데 6년에서 10년, 실현 가능성을 실험하는 데 4년에서 6년을 잡는다. 이를 시제품으로 개발하는 데 2년에서 4년을 들이고, 이것이 혁신 제품의 생산으로 이어지도록 하고 있다.

엘렌클먼 회장은 듀폰이 208년째 장수하고 있는 비결을 이렇게 말한다.

"잘 나가는 사업 부문도 적절한 시기에 점검해 새로운 성장 사업군을 찾는 출구전략을 잊지 않는다. 이때 가장 중요한 판단 기준은 시장의 흐름과 수요다. 듀폰이 금융위기를 겪은 2009년부터 농업, 바이오, 연료 등에 초점을 맞추는 내부 혁명을 일으킬 때 그룹의 상징과도 같았던 섬유사업을 매각한 것도 2011년 세계 인구가 매일 15만 명씩 늘어 2050년에는 70억 명이 된다는 면밀하고 과학적인 시장예측이 밑바탕에 깔려 있었기 때문이다."

이렇듯 듀폰은 시장의 흐름과 수요를 면밀하게 주시하고 이에 가장 들어맞는 새로운 사업에 뛰어든다.

마지막으로 듀폰의 도전적인 인재 양성을 꼽을 수 있다. 듀폰은 외부 인재를 끌어들이지 않고 사내 인재를 계획적으로 육성하고 있으며, 전 임직원에게 변화와 혁신에서 발생할 수 있는 실패를 용인하고 새로운 도전에 나서도록 장려하는 기업문화를 갖고 있다.

이런 가치는 2009년 금융위기 때 극명하게 드러난다. 당시 다른 기업들이 비용 절감을 최우선으로 삼을 때 듀폰은 모든 것은 줄였지만 개발비만큼은 한 푼도 손대지 않았다. 이 덕분에 2009년 한 해에만 2,086건의 특허를 출원했으며, 1,400개가 넘는 신제품을 출시했다. 이는 듀폰 역사상 최대의 실적이기도 하다.

'우리는 불타는 플랫폼에 서 있다'

이를 보면 10년 넘게 휴대전화 제조업체로서 세계 1위를 지켜오다가

스마트폰에 그 자리를 양보한 노키아와 대비된다. 변화를 읽지 못하고, 오히려 변화를 무시한 채 안주해 있던 노키아는 전통적으로 핀란드 사람이 맡았던 최고경영자 자리마저 외국인을 영입해야 하는 전면적인 구조조정을 맞았다. 2011년, 최고경영자에 오른 외국인은 캐나다 출신으로 마이크로소프트 비즈니스 부문 사장이었던 스티븐 앨롭이다.

그가 취임하면서 전 직원들에게 보낸 이메일은 노키아의 현실과 변화의 절실함을 그대로 보여준다.

'한 남자가 북해의 석유 굴착 플랫폼에서 일하고 있었다. 어느 날 밤 요란한 폭발음에 놀라 잠에서 깨어났는데 시추 플랫폼이 갑자기 화염에 휩싸였다. 그는 삽시간에 불길에 갇혔다. 자욱한 연기와 뜨거운 열기를 뚫고 간신히 화염에서 벗어나 플랫폼 가장자리로 탈출했다. 아래에는 깜깜하고 차가운 대서양의 바다뿐이었다. …… 플랫폼에 버티고 서 있으면 불길에 타 죽고 이것을 피하려면 30미터 아래 얼음 바다로 뛰어들어야만 한다. 우리는 불타는 플랫폼에 서 있다. 평소 같으면 얼음 바다로 뛰어내릴 생각은 하지 않았겠지만 비상시국이라 그는 뛰어내렸다. 그리고 구조되어 육지에 나왔을 때 이렇게 말했다. 플랫폼이 불타고 있었으므로 과감하게 행동할 수 있었다.'

노키아로서는 극단적인 선택을 할 수밖에 없는 처지가 되고 말았다. 현실이라는 플랫폼에 버티고 서 있으면 경쟁사들에게 밀려나 불길에 타 죽을 테고, 이를 피하려면 두려움과 위험을 무릅쓰고 30미터 아래 얼음 바다로 뛰어들어야만 하는 처지가 된 것이다. 현실에 안주한 대가는 너무나 컸고, 그래서 이를 극복해야 할 몫도 너무나 버겁기만 하다.

이런 면에서 보면 극단의 선택을 미연에 방지하기 위해 늘 새로운 자세로 변신을 거듭한 듀폰의 지혜는 국내 기업들에게 시사하는 바가 적지 않다. 200년 역사를 이어오고 있지만 안주하지 않고 꾸준한 혁신으로 새로운 기회를 열어 온 기업이기에 여전히 전 세계가 듀폰을 주목하고 있다. 그리고 듀폰이 새롭게 일구어갈 새로운 200년을 기대하고 있다. 화학기업으로 출발했지만 어느 누구도 화학기업이라고 말하지 않는, 늘 진화하는 듀폰의 사례는 국내 기업들에게 왜 변화가 전략이 아니라 필수인지 잘 보여준다.

진화하지 못하는 기업은 아무리 오랜 역사를 이어오고, 남들이 감히 따라올 엄두조차 못 낼 기술을 갖고 있어도 도태될 수 있다. 경쟁에서 이기고 싶다면 당장 어제의 성공을 잊어버려라.

나는 일요일 저녁마다
'동물의 왕국'을 만난다

1999년 10월 첫 방송을 시작한 후 10년 이상이 지난 지금까지 인기를 누리고 있는 프로그램. 한때 주축들의 이탈로 위기를 맞았고, 경쟁 프로그램의 인기에 밀려 존폐까지 고민해야 했던 프로그램. 하지만 지금 온 국민이 사랑하는 프로그램이 되었고, 일주일을 행복하게 마무리해주는 프로그램이 있다.

무대에서 100여 명의 출연 멤버들이 만드는 코너는 많지만 관객의 호응에 따라 편집 과정에서 잘려나가 정작 방송되는 것은 15개 정도에 불과하다. 선후배 상관없이, 무명이든 스타든 상관없이 '웃기면 승자'인 무대 개그콘서트. 3분 내지 5분의 코너 하나가 전파를 타는 것이 그들에게는 그야말로 생존 그 자체다.

나는 매주 그 프로그램을 보면서 내일을 내다볼 수 없을 정도로 치열한 경제 현장과 그 안에서 도태되고 살아남는 기업들의 '동물의 왕국'을 만난다.

일본의 침몰은
남의 일이 아니다

종이호랑이가 되어 버린 일인자

한때 세계를 석권했던 일본의 IT업체들이 줄줄이 침몰하고 있다. 전자기술의 대명사이자 산업대국 일본의 상징이었던 소니는 만성적자로 TV 사업을 접어야 할 형편이고, 일본의 대표적인 가전제품 브랜드였던 산요는 중국의 전자제품 기업인 하이얼그룹에 매각되었다. 2011년 25나노 D램 반도체를 세계 최초로 양산하겠다고 장담했던 세계 3위의 메모리 반도체 기업이자 일본 유일의 D램 제조사인 엘피다는 1년 후 법정관리를 신청했다. 더구나 일본 첨단산업의 상징이자 일본 게임산업의 대명사였던 닌텐도는 7년 만에 처음으로 적자를 내고 말았다.

미국의 시장조사 기관인 톰슨원에 따르면 세계 100대 전자기업들 중 일본 기업은 1997년 37개에서 2006년 27개, 2010년에는 16개로 줄었다. 일본 IT기업들이 몰락의 불명예를 걸머진 것에 대해 경제학자들은 소프트웨어 중심의 패러다임 변화에 대응하지 못한 산업 구조적 한계와 슈퍼 엔고 현상이 겹친 결과라고 진단한다.

10여 년 전만 해도 소니는 일본 전자기술의 아이콘으로 통했고, 세계 최강의 가전업체였다. 워크맨을 필두로 플레스테이션이라는 게임기로 이어지는 가전 엔터테인먼트의 가장 확실한 브랜드는 누가 뭐라 해도 소니였다. 그러나 승승장구할 줄 알았던 소니도 시대의 변화 흐름을 읽지 못했다. MP3의 폭발적인 인기를 단순한 유행으로 여겼고, 늦게나마 이 분야에 뛰어들어 MP3의 약점인 음질 부문에 기술력을 집중했지만 새로운 것 없는 제품에 만족해야 했다.

2005년 소니 역사상 최초로 하워드 스트링거라는 외국인 경영자를 영입하며 시대의 변화에 적응하기는 했다. 하지만 수익구조를 개선하려고 R&D센터를 축소하면서 일류 기술자들이 반발하거나 이직하는 등 급작스러운 변화에 따른 불협화음이 일어났다. 전문성 없는 사외이사들의 전횡 및 안목 부족, 그로 인한 판단착오가 누적되면서 소니는 몰락을 거듭하고 말았다.

소니의 자랑이자 한때 전 세계를 호령했던 하드웨어 분야의 TV산업도 포기해야만 할 형편이다. 이 분야는 이미 삼성전자에 밀린 지 오래되었고, 2012년까지 8년 연속 적자가 확실시되고 있으며, 소니 전체로도 4년 연속 적자를 기록하고 있다. 2008년 말에 1만 6,000명을 감원한 데 이어 2012년 상반기에 1만 명 감원 계획을 밝힌 것도 이런 까닭에서다.

소니는 지금 어디에 있을까

소니의 몰락에 가까운 현실은 변화에 대응하지 못한 결과라고 볼 수 있다. 리스크 부담을 탓하며 신제품을 개발하는 데 주저했고, 소니의 기술력을 상징하는 A3연구소를 해체하는 등 보유하고 있던 기술마저 포기한 자충수도 짚고 넘어가야 한다.

신규투자 없이 기존 자산만으로 최대한의 수익을 올리려 한 무리수, 컬럼비아영화사와 유니버설 스튜디오를 인수하는 등 무리한 사업 다각화와 인수합병, 15명의 이사 중 13명이 전문성이 떨어지는 사외이사였다는 점에서 볼 수 있듯이 문제 있는 경영진 구성 등도 소니를 몰락시킨 원인 중 하나가 되고 말았다.

《좋은 기업에서 위대한 기업으로》의 저자 짐 콜린스는 소니를 예로 들어 '기업이 몰락하는 5단계'를 진단했는데, 이는 잘 나가던 기업이 어떻게 몰락의 길을 가는지 잘 보여준다. 그의 진단에 따르면 소니는 워크맨 등 사업이 성공하자 오만함에 빠졌고, 대형 영화사를 인수하는 등 원칙 없는 외형 확장에만 몰두했다. 디지털 시대에 대응하지 못한다는 위험성을 안고 있으면서도 그 문제의 심각성을 깨닫지 못했고, 최근에야 TV용 대형 LCD 패널로 무너진 자존심을 회복시키려고 하고 있다.

소니가 전 세계 최고의 IT기술을 가진 글로벌 기업에서 평범한 전자회사로 전락할지 새롭게 도약할지는 유심히 지켜볼 일이다. 하지만 한때 전 세계를 호령했던 기업이 몰락의 위기에서 벗어나려고 애쓰는 모습은 애처롭기만 하다.

변신은 빨랐지만 변화는 늦은 닌텐도

닌텐도의 하락은 더욱 충격적이다. 몇 년 전까지만 해도 창조적인 경영 모델로 언급되었던 이 회사가 2011년 4월부터 9월까지 우리 돈

8,300억 원에 달하는 573억 엔의 영업적자를 냈다. 이 기록은 반기결산을 발표하기 시작한 2000년 이후 처음 있는 일로, 게임시장의 막강한 경쟁자인 소니와 일진일퇴를 거듭했던 저력을 무색하게 한다.

닌텐도가 영업적자를 기록한 것은 엔고 때문이라고 흔히 하지만, 근본적인 원인은 스마트폰의 급격한 보급으로 별도의 게임기를 구입하려는 소비자들이 줄어들었기 때문이다. 물론 닌텐도는 스마트폰이라는 거대한 복병 앞에서 속수무책으로 방관하기만 한 것은 아니었다. 2011년에 개발한 닌텐도 3DS는 스마트폰에 대항하려고 안경 없이 입체화면을 볼 수 있도록 만든 야심작이었다. 하지만 출시한 지 5개월 만에 제품의 가격을 대폭 인하하는 등 판매는 기대와는 정반대였다. 이 때문에 매출은 2010년의 같은 기간보다 40.6퍼센트 떨어지고 말았다.

닌텐도의 경영진은 취향이 수시로 바뀌는 소비자들의 성향을 간과했고, 스마트폰 게임보다 10배 이상 비싼 닌텐도 소프트웨어 게임의 한계를 받아들이려 하지 않았다. 한때 시장의 흐름을 어느 기업보다 발 빠르게 간파하고 있다고 자부하던 닌텐도도 지나친 자만심과 폐쇄성에 빠져 변화의 시기를 놓치고 만 것이다. 아이디어로 운을 끌어 당긴다는 믿음으로 성공했지만 나중에는 운에 끌려 다니는 꼴이 되고 말았다.

더구나 닌텐도는 기업 간 경쟁의 시대가 저물고 생태계 전쟁의 시대가 다가왔음을 깨닫지 못했다. 모바일 산업과 소프트웨어의 소스 프로그램을 누구에게나 공개하는 오픈 소스(Open source)를 통한 개방형 애플리케이션, 소셜 네트워크 업계들이 만들어낸 새로운 경쟁 구도와 싸워야 하는 상황을 강 건너 불구경하듯 했고, 그 결과 닌텐도는 모바일, 스마트폰, 페이스북, 트위터 등의 저렴한 게임 시장에 속수무책으로 당하고 말았다.

닌텐도 경영진은 모바일 게임 산업은 단기적일 수밖에 없으며, 자사는 오픈 소스, 즉 무료 게임에 참여할 의사가 전혀 없다고 명확히 밝혔다. 하지만 아무리 자존심을 세운다고 해도 살아남기 위해서는 과거 경쟁사들과 연합해 새로운 하드웨어 생태계를 구축하거나 스마트폰용 소프트웨어 게임을 내놓을 수밖에 없는 상황이 되고 말았다. 자존심을 세우며 그간 이루었던 성공을 추억하느냐, 아니면 빠른 추종자로 변신할 것인가 하는 과제는 닌텐도의 생존을 좌우하는 화두가 되고 있다.

우리에게도 일어날 수 있는 일

어쩌면 일본 IT기업들의 침몰은 예견된 일인지 모른다. 그들은 세계적인 표준을 따라가기보다는 자신들이 세계 표준을 만들 수 있다고 호언장담했다. 이런 악수는 디지털로 급변하는 패러다임에 발빠르게 대응하지 못하게 했으며, 글로벌 시장에서 주도권을 잃는 요인이 되고 말았다.

일본 기업들이 어떻게 성공했는지, 하지만 무엇이 그들을 몰락하게 했는지, 자만과 오만에 빠져 변화의 흐름에 대응하지 못한 결과가 어떤지, 한치 앞을 내다보기 힘들 만큼 급변하는 시대 흐름과 치열한 경쟁 속에서 왜 혁신이 기업들의 절대적인 기치로 나서는지 생각해볼 일이다.

변화는 이름난 글로벌 기업이나 다른 나라의 일이 아닌, 바로 국내 기업, 그리고 바로 지금 당신이 있는 곳에서 이미 벌어지고 있다. 그리고 절대로 잊지 말아야 할 것이 있다. 변화는 남들보다 앞서가는 전략이 아니라 살아남기 위해 가장 먼저 챙겨야 할 필수조건이라는 것을.

Think
Difference

Part 7

머리가 될 것인가 꼬리가 될 것인가

이기는 기업은

이기는 경영에서 시작하고,

이기는 경영은

변화를 내다보는

전략에서 시작한다.

그 중심에 경영자가 있고,

당신의 회사가 있다.

아사히야마 동물원에서
봐야 할 것

아무도 찾지 않는 동물원

연간 관람객 26만 명이라는 최악의 기록을 세웠고, 직원들의 월급까지 밀렸으며, 돈이 없어 사료조차 살 수 없는 상황에 몰렸던 동물원. 시의회로부터 폐쇄 결의안 및 매각까지 종용받던 곳. 그곳이 지금은 연간 300만 명이 찾는, 일본에서 가장 인기 있는 동물원이 되었고, 전 세계 관광객들까지 찾는 명소가 되었다.

그리고 폐쇄 직전까지 몰렸던 이곳이 지금은 일본을 빛낸 혁신가 대상, 우수제품 서비스상, 경영혁신상을 비롯해 일본의 유명한 경영 관련 상을 연이어 받으며 가장 대표적인 성공 경영 사례가 되고 있다. 불황에서 헤어 나오지 못하는 일본 기업들은 물론 전 세계 기업 경영 진들까지 이곳을 찾아온다.

다른 동물원에는 볼 수 없는 희귀 동물들이 이곳에만 있는 것도 아 니다. 더구나 이곳은 지리적으로도 불리하다. 일본의 최북단인 홋카 이도에 있어 관람객들이 찾기에도 불편하다. 그런데도 이곳이 일본 사람들이 가장 가고 싶은 동물원이자 최고의 경영 사례로 꼽히는 비결은 무엇일까?

이곳의 이름은 아사히야마 동물원으로, 1967년 문을 열었다. 하지만 1980년대에 들어 동물원이라는 이름에 무색할 정도로 이곳을 찾는 이들은 줄었고, 이 지역의 시민들조차 이곳을 산책로로만 여길 정도였다. 동물원이라는 이름을 걸었지만 특별히 내세울 만한 동물도, 시선을 끌 만한 이벤트도 없이 유지해오기에만 급급했다. 방문객이 적어 운영난은 하루일과처럼 받아들여졌다.

근근한 수입에만 매달리는 아사히야마 동물원의 수명은 다한 것처럼 보였다. 그나마 이곳이 동물원임을 알려주고, 그래도 관람객이 찾는 것은 고릴라와 원숭이, 펭귄이 있었기에 가능했다.

하지만 1994년, 이마저도 숨통이 끊기고 말았다. 기생충에 의해 고릴라와 원숭이들이 죽자 방문객은 극심하게 줄어들었고, 그에 따라 동물원 운영은 더욱 힘들어졌다. 게다가 1980년대부터 테마파크가 유행하면서 이곳을 찾는 이들은 줄어들었다. 결국 1990년대에 들어 운영상의 어려움은 극심해져 직원들의 월급까지 밀리고, 사료조차 살 수 없는 상황에 이르렀다.

정부에서 긴급하게 지원을 해주었지만 더 이상 가망이 없는 이곳에 하염없이 물을 대줄 수도 없는 노릇이었다. 결국 시의회는 이곳을 폐쇄하기로 결의하고 민간에 매각할 것을 종용했다. 더 이상 관람객이 찾지 않고, 자체 운영 능력도 없으며, 회복할 가능성도 없는 동물원을 더 이상 유지하기 힘들어진 것이다.

'고객이 원하는 그것을 찾아라'

이런 시기에 유난히 동물을 사랑했던 고스케 마사오가 아사히야마 동물원의 원장으로 취임했다. 그는 수의사와 사육계장으로 30여 년이 넘게 몸담아 온 직장이 몰락하는 것을 더 이상 지켜볼 수가 없었다.

그가 이 동물원의 운영을 맡아 가장 먼저 한 것은 방문객들이 이 동물원을 어떻게 생각하고 있는가를 알아보는 것이었다. 소비자가 구매하지 않는 제품에는 반드시 그만한 이유가 있듯이 방문객이 동물원을 찾지 않는 이유를 알아야 무엇을 어떻게 개선할지 알 수 있는 일이었다.

설문조사를 실시한 결과는 충격적이었다. 방문객들은 모두가 '재미없다'고 답했다. 동물들은 전혀 움직이지 않고, 관람객은 서서 그런 동물을 그저 바라보기만 할 뿐이었다. 언제 오더라도 늘 같은 시설에 늘 같은 표정으로 있는 동물을 보는 것이 재미없고, 특별히 동물들과 함께 할 수 있는 행사도 없어 지루하다는 반응이 대부분이었다.

관람객이 즐겁지 않고, 동물들도 활력을 잃은 동물원을 누가 찾겠는가. 한 번은 우연히 오지만 두 번은 오고 싶지 않다고 했다. 고객이 없는 기업이 설 수는 없는 노릇이었다.

이 설문조사를 본 그는 그들이 그간 놓치고 있던 중요한 사실을 깨달았다.

"야생 동물의 매력을 사람들에게 전달하고 사람들을 야생동물의 팬으로 만드는 것이 그간 제가 하던 일이었습니다. 그리고 그것은 동물원이 운영되어야만 하는 이유이기도 합니다. 비록 좁은 우리지만 어떻게 하면 동물들이 야생에서처럼 행복하고 자유롭게 사는 모습을 관

람객들에게 그대로 전달할 수 있을까 고민했고, 이는 직원들도 마찬
가지였습니다.”

직원들도 동물원을 살려야겠다는 의지는 절실했지만 방법을 찾지
못했고, 행동으로 표현하지 못했을 뿐이었다.

이들은 고스케 마사오 원장의 강한 의지에 힘입어 관람객을 늘리기
위한 묘안을 찾기 시작했고, 동물원의 구조에서 관람 루트까지 방문
객들의 니즈에 맞춘 고객 만족 서비스를 실시했다. 이들은 관람객이
스스로 찾는 동물원을 만드는 데 목표를 두었고, 고객이 무엇을 원하
고 그들의 바람을 어떻게 실현할지에 주안점을 두었다. 그렇게 고객
의 입장에서 동물원의 존재 이유와 가치를 찾고, 나아가 열정을 갖고
고객이 꿈꾸는 것을 현실로 만들기 시작했다.

‘하늘을 날아다니는 펭귄’

그 대표적인 것이 ‘하늘을 나는 펭귄’이었다.

여태껏 관람객은 펭귄이 시선 아래에서 헤엄치는 모습만 보아왔다.
그런데 아사히야마 동물원은 관람객이 펭귄을 머리 위로 올려다보는
형태로 바꾸었는데, 이것은 흡사 펭귄이 하늘을 나는 것처럼 보였다.
이것을 본 관람객들은 신기해하고 재미있어 했으며 주변 사람들과 친
구들에게 소개하기 시작했다. ‘아사히야마 동물원에서는 펭귄이 날아
다닌다’는 이야기가 입에서 입으로 퍼진 것이다.

이 동물원의 변신은 펭귄에만 그치지 않았다. 북극곰의 우리 한쪽
에 UFO 모양의 반원구를 설치해 관람객이 그곳을 통해 북극곰의 움
직임을 생생하게 볼 수 있도록 했다. 반원구가 있던 곳은 원래 창고로

쓰이던 공간이었는데, 이 공간을 활용해 북극곰의 모습을 직접 볼 수 있도록 했다. 이 시설 하나로 북극곰 전시관은 관람객들이 장사진을 이루었고 북극곰들도 활기를 띠었다. 이전에는 관람객이 일방적으로 북극곰을 구경했다면, 이제는 반원구로 북극곰들도 관람객의 얼굴을 바라볼 수 있었다. 전시물에 불과했던 북극곰이 이 기묘하고 발랄한 장치로 얼굴을 들이밀고 신기해하는 사람들을 적극적으로 구경했다. 사람들이 동물을 구경하는 곳에서 동물이 사람을 구경하는 곳이라는 관점의 변화는 엄청난 인기를 몰고 왔다.

바다표범관도 관람객들이 빠트리지 않는 명소다. 커다란 수조에서 바다표범들이 우아하게 헤엄치는 모습을 관찰하는 것은 여느 동물원과 마찬가지다. 하지만 이곳에서는 수조와 연결된 투명한 수직 원통 터널을 만들어 이 통로로 바다표범이 통과하는 모습을 볼 수 있다. 관람객이 통로 주변에 접근하자 바다표범은 수시로 통로를 드나들며 사람을 구경하고, 사람들은 재롱부리는 바다표범의 눈빛과 동작 하나하나에 박장대소한다.

이 밖에 높은 나무를 오르락내리락하는 오랑우탄을 위해 세운 공중운동장, 운동 부족으로 비만과 각종 성인병에 시달리는 펭귄을 주기적으로 우리 밖으로 내몰아 산보를 하게 하는 풍경도 다른 동물원에서는 구경할 수 없지만 이 동물원에서는 흔한 일이다.

고객을 위한 변신의 시도는 동물들뿐만 아니었다. 숙박업소에서 입장 티켓을 팔게 함으로써 고객이 매표소에서 오랜 시간 줄지어 기다리는 것을 없앴고, 동물들의 컨디션에 따라 개장시간과 폐장시간을 신축적으로 운영했다. 장애우들을 위한 전용도로와 키가 낮아 제대로 보지 못하는 어린이들을 위한 어린이용 특별관람석 설치, 65세 이상 노인들을 배려한 실버 셔틀버스를 수시로 운행한다. 담당 사육사들이 관람객에게 직접 동물을 설명하는 원 포인트 가이드도 눈에 띈다.

'고객의 상상력을 자극하라'

이러한 노력의 결과 폐쇄 권고를 받고 절차부심한 지 10년도 되지 않아 아사히야마 동물원은 이전까지 일본 최고의 동물원이었던 우에노 동물원의 인기를 넘어섰다. 뿐만 아니라 이 기적 같은 이야기는 〈기적의 동물원〉이라는 이름으로 TV 드라마로 방영되었다. 각종 경영상은 인기의 부산물이었다.

아사히야마 동물원의 혁신적인 아이디어와 각종 고객 만족 서비스는 다른 동물원들의 부러움과 벤치마킹의 대상이 되었으며, 전 세계 관광객을 끌어 모으고, 기업 경영진들에게 살아 있는 경영 교재로 꼽히고 있다. 고객의 니즈를 정확하게 파악하고 이를 적극적으로 반영한 것은 물론 고객의 상상력을 최대한 자극한 이 동물원의 노력은 창조 경영, 고객만족 경영이란 무엇인지 그대로 보여준다.

이 동물원이 성공한 밑거름에는 동물원을 경영한다는 생각을 버리고 동물원이 왜 있어야 하고 누구를 위해 존재하는지에 초점을 맞춘 고스케 마사오 원장의 확고한 경영철학이 있었다. 또한 동물원의 주인인 동물들과 관람객들에게 즐거움을 선사해주기 위해 노력한 직원들이 있었다.

그들의 창의적인 아이디어와 이를 실현하는 노력, 그리고 관람객과 밀착된 서비스는 감동으로 이어져 더 많은 관람객을 몰고 왔다.

동물들의 생생한 모습을 가장 가까이에서 지켜본 이들은 충성 고객이 되어 자신의 경험을 많은 이들에게 광고한다. 이는 여느 기업에서도 마찬가지다. 자사 제품을 사달라고 애써 홍보하지 않아도 고객은 그 제품의 가치를 알고 거기에서 느낀 감동을 적극적으로 홍보한다. 반면 실망한 고객은 기업이 아무리 호소해도 더 이상 그 제품과 그 기업을 찾지 않는다.

창조란 없는 것을 새롭게 만들어내는 것이기도 하지만, 기존의 것을 어떻게 변화시키느냐에 따라 창조적인 것이 될 수 있다. 그리고 그것은 자신을 위한 창조가 아니라 그것을 사용하는 소비자를 위한 창조가 되어야 한다. 즉, 창조적인 아이디어는 어디에나 있지만 그것이 누구를 위해 어떻게 발휘하느냐에 따라 전혀 다른 결과를 낳는다.

역발상적인 아이디어로 가장 동물원다운 동물원으로 새롭게 변모한 아사히야마 동물원에서 오늘도 사람들은 살아 있는 감동을 느끼고, 경영자들은 창조 경영과 고객만족 서비스의 길을 찾고 있다.

가장 절실한 시간은
바로 지금 당장이다

로스차일드 사가 미국에 진출하려고 했을 때의 일이다. 경영자가 한 직원을 불러 물었다.

"우리 회사가 미국에 지점을 내려고 하는데, 떠나려면 준비 기간이 얼마나 필요하겠는가?"

이 질문에 직원은 한참동안 생각에 잠긴 후에 "열흘 정도는 걸릴 것 같습니다"라고 대답했다.

경영자는 또 다른 직원을 불러 똑같은 질문을 했고, "3일이면 되겠습니다"라는 대답을 들었다.

경영자는 마지막으로 직원을 한 명 더 불러 똑같은 질문을 했다. 그러자 그 직원은 이렇게 말했다.

"지금 곧 떠나겠습니다."

"좋아. 자네가 오늘부터 샌프란시스코 지점장일세. 내일 당장 배를 타고 떠나게."

이 세 번째 직원이 샌프란시스코 최고의 갑부가 된 줄리어스 메이다.

흔하게 인용하는 일화라서 누구나 낡고 고루한 말이라고 외면하기 쉽지만 가장 훌륭한 가르침은 가장 평범한 데에 있는 법.

더 좋은 것보다
처음을 잡아라

'1등만 기억하는 더러운 세상'

첫사랑을 기억하는가? 우스갯소리로 첫사랑을 기억하지 못하는 것은 치매의 초기 증상이라고 한다. 첫사랑뿐만 아니라 첫아들, 첫 등교, 그리고 첫 경험까지 '처음'이라는 단어는 설렘에 이어 모험과 용기를 뜻한다.

나는 가끔 내 강의를 듣는 이들에게 처음의 의미를 되새기고 '최초'가 기업의 흥망과 마케팅에 미치는 영향을 강조하기 위해 이런 질문을 던지곤 한다.

"세계에서 가장 높은 산봉우리는 무엇입니까?"

그러면 다들 당연한 것 아니냐며 대답한다.

"에베레스트요!"

"그러면 두 번째로 높은 산봉우리는 무엇입니까?"

"……"

이 질문에는 아무도 입을 열지 못한다. 그래서 다른 질문으로 넘어

갔다.

"달에 처음으로 발을 디딘 우주비행사를 아세요?"

그러면 다들 에베레스트라고 답할 때와 같은 자신 있는 표정으로 말한다.

"물론 암스트롱이죠!"

"그럼 그 다음으로 달에 발을 디딘 우주비행사는요?"

그러자 앞의 경우처럼 다들 말이 없었다.

이 질문을 한 후에 나는 유행어를 꺼내들었다.

"1등만 기억하는 더러운 세상이죠."

좋은 것보다 최초가 되는 편이 낫다

기업을 경영하거나 마케팅 관련 업무를 하는 이들이라면 꼭 한 번 읽어볼 만한 책이 《마케팅 불변의 법칙》이다. 시대가 바뀌고 기업이 바뀌어도 비즈니스 세계를 지배하는 마케팅 법칙이 존재한다고 강조한 이 책은 경영자들과 마케팅 실무자들이 반드시 유념해야 할 22가지 법칙을 소개하고 있다.

이 책의 22가지 법칙 중에 '리더십의 법칙'이 있다. 선도자의 법칙이라 불리는 이것은 더 좋은 것보다 맨 처음이 낫다는 것을 뜻한다. 이 책에는 '미국 시장 내에서 각 분야별로 1등을 하고 있는 기업들 중 60~70퍼센트 이상이 시장에 먼저 진입한 선발 기업'이라는 구체적인 사례를 제시하고 있다.

하이네켄은 미국에서 처음 수입한 맥주라는 프리미엄으로 더 맛좋은 수입맥주가 많이 있음에도 불구하고 미국의 수입 맥주 시장 1위를 고수하고 있다. 하이네켄이 미국시장에서 유리한 고지를 점령하는 것은 그 브랜드가 동종 제품들의 우수성을 가늠하는 표본이 된다고 생각하기 때문이다.

질레트는 안전면도기를 맨 처음 만들었고, 게토레이는 스포츠음료를 처음 출시했다. 마찬가지로 이들 브랜드는 처음 시작했다는 이유로 소비자의 마음에 손쉽게 안착할 수 있었다. 최초의 프리미엄을 누리고 있는 셈이다.

사람들의 생각과 마음에 최초로 인식되어 선점하면 인지장벽이 생겨 선호도가 형성되고 그 제품군을 대표한다는 생각을 심어준다. 후발 경쟁업체가 그것을 능가하는 다른 어떤 정보나 기술력을 가지고 있다 할지라도 진입장벽은 쉽사리 무너지지 않게 된다.

한 걸음 더 나아가 생각해보면 소비자에게 제품이나 서비스로 욕구를 충족시켜주는 것도 중요하지만, 소비자 마음속에 제품의 인식을 정확하게 심어주는 것도 결코 무시해서는 안 된다는 것이다. 볼보를 언급할 때 소비자는 안전을 떠올리고, 소화제 하면 활명수를 이야기하듯이 말이다.

역설적이기는 하지만 최초는 가장 오래되었음을 의미하기도 하는데, 1873년부터 만들기 시작한 리바이스 청바지처럼 원조라는 것 하나로 소비자의 주목을 받고 정통성을 인정받기도 한다.

물론 최초라는 프리미엄으로 적극적인 인지도와 주목을 받지만 그렇다고 반드시 성공을 담보하는 것은 아니다. '처음'은 리스크의 원천이 될 수도 있고 재빠른 추종자에게 그 자리를 빼앗길 수도 있다. 삼성의 가전제품이나 반도체, 하이트맥주는 그 전형을 보여준다. 이들은 선두 제품이 미치지 못하는 곳을 공략해 최초 제품의 결함을 개

선한 제품이나 최초 제품과 비슷한 모양과 효능을 내세운 미투 제품
으로 시장에 안착하고 이를 발판으로 시장을 역전시켰다. 시장 진입
비용을 줄이고 선점한 기업의 후광효과를 적절하게 이용했다는 점에
서 지금도 회자되고 있다.

최초가 아니면 최초를 만들어라

이 책에서 소개한 22가지 마케팅 법칙 중에는 선구자의 법칙 외에도
'최초'와 연관된 것들도 있다. 그중 하나가 리더십의 법칙으로, '더 좋
기보다는 최초가 되는 편이 낫다'고 지적한다.

하이네켄은 미국에서 처음 수입한 맥주라는 프리미엄으로 더 맛좋
은 수입맥주가 많이 있음에도 불구하고 미국의 수입맥주 시장 1위를
고수하고 있다. 하이네켄이 미국시장에서 유리한 고지를 점령하는 것
은 그 브랜드가 동종 제품들의 우수성을 가늠하는 표본이 된다고 생
각하기 때문이다.

다른 하나는 카테고리의 법칙이다. 이는 어느 영역에서 처음이 될
수 없다면 처음이 될 수 있는 카테고리, 즉 새로운 영역을 개척하라는
의미다. 휴대전화 시장에서 한때 삼성, 모토로라, 노키아의 위세는 대
단했고, 그들은 최초라는 프리미엄을 누리고 있었다. 여기에 애플이
끼어들었다.

하지만 애플은 이 시장에서 경쟁할 수 없음을 절감하고, 선두가 될
수 있는 새로운 영역을 찾아 떠났다. 그렇게 애플이 들고 나온 것은
스마트폰이라는 또 하나의 '최초'였다. 기존 휴대전화 시장의 치열한
경쟁 속에서 힘겨운 싸움을 하는 것보다 새로운 휴대전화 카테고리를

만드는 쪽이 낫다고 판단했을 테고, 그것은 이후 스마트폰을 대세로 만드는 계기가 되었다.

인식의 법칙 또한 놓쳐서는 안 된다. 흔히 제품의 성능이나 디자인이 우수하면 경쟁력에서 앞설 수 있다고 생각한다. 그런데 같은 제품이라도 다른 나라, 다른 지역에 마케팅을 한다면 어떤 결과가 나올까? 경쟁력의 요소가 적용된다면 어느 나라건 어느 지역이건 순위는 같아야 하지 않을까? 그렇다면 일본 자동차 혼다가 미국에서 1위를 차지했다고 일본에서도 1위를 했을까? 아쉽게도 혼다는 일본에서 3위 브랜드로 인식되고 있다. 이 결과는 미국에서의 혼다 이미지가 일본에서보다 더 선호적임을 보여준다. 미국인과 일본인이라는 각기 다른 소비자의 인식 때문에 이런 결과가 생기는 것이다.

결론적으로 '최초'는 브랜드의 입장에서 보면 엄청난 축복이다. 하지만 최초라는 프리미엄에 안주하다가는 새로운 카테고리나 인식을 전환시키려는 후발업체에게 그 자리를 빼앗길 수 있다. 최근 장수 브랜드 신라면의 아성을 깬 꼬꼬면을 비롯한 '하얀 국물 라면', 박카스와 쌍벽을 이룬 비타500에서처럼 소비자들은 같은 값이면 새로운 카테고리를 제공하는 제품에 손이 가게 마련이다. 최초이되 최초에 안주하지 않고 늘 최초인 것처럼 상황을 주도해나가는 지혜와 창조적인 노력이 요구되는 시대다.

'닭 벼슬이 될지언정 소의 꼬리는 되지 말라'는 말이 있다. 큰 집단의 말단보다는 작은 조직이라도 우두머리가 낫다는 뜻이다. 이는 '1등만 기억하는 더러운 세상'에도 들어맞는다. 아무리 크고 볼품 있어 보이더라도 그곳에서 경쟁력을 잃고 있을 바에는 시장이 작더라도 자신만의 브랜드 가치를 분명히 할 수 있는 시장의 선두에 서는 것이 낫

다. 그리고 처음에는 시장이 작더라도 소비자들에게 확실하게 인식되
면 어느 누구도 무너뜨릴 수 없는 견고한 성이 되는 법이다.

농심이 먼저
삼양이 먼저

국내에서 최초의 인스턴트 용기면은 삼양일까, 아니면 농심일까? 대부분의 사람들이 이 질문에 '농심 사발면'이라고 생각할 것이다. 그러나 국내에서 인스턴트 용기면을 처음 출시한 곳은 농심이 아니라 삼양이다. 국내 최초의 인스턴트 용기면은 1972년에 출시한 삼양 컵라면으로, 당시 광고카피는 '끓이지 않고 3분이면 OK'였다. 하지만 삼양은 파격적인 제품 슬로건을 내건 것과 달리 결과는 그리 신통하지 못했다.

이후 농심과 삼양라면의 숙명적인 경쟁 구도에 접어들면서 1980년대 초 농심은 삼양이 출시해 재미를 보지 못했던 인스턴트 용기의 컵라면 시장에 뛰어들어 '농심 사발면'을 시작으로 컵라면 시대를 열었다. 이후 농심은 강력한 드라이브를 걸어 삼양이 붙잡지 못한 프리미엄을 누리고 있다. 이처럼 시장 속에 최초가 되어도 소비자의 기억 속에 최초로 자리 잡지 못하면 의미가 없다.

그들은 왜 페이스북에 열광할까

6억 명이 사는 가장 작은 마을

나는 하루를 페이스북과 함께 시작한다. 매일 아침, 글을 올리고 댓글을 확인하는 통과의례를 거친다. 페이스북은 2011년, 6억 명 이상의 사용자가 활동하는 가장 큰 소셜 네트워크 서비스다. 온라인 인맥을 형성할 때 빠질 수 없는 것 또한 페이스북이다.

페이스북은 2004년, 하버드대에 재학 중이던 마크 주커버그가 설립했다. 처음에는 하버드대 학생들이 이용했던 소규모 친목 사이트였다. 그러나 얼마 지나지 않아 스탠퍼드, 컬럼비아, 예일 대학 등까지 퍼졌고, 1년 뒤인 2005년 말에는 2,000개 대학과 2만 5,000개 고등학교가 네트워크를 형성했다. 그리고 2006년 9월에는 13살 이상의 전자우편 주소를 갖고 있는 사람이라면 누구나 가입할 수 있는 전 세계적인 소셜 네트워크 서비스가 되었다.

페이스북은 '모두에게 발언권이 주어진다'는 장점을 갖고 있다. 하지만 종교 차별적인 내용이 포함되어 있어 몇몇 나라에서는 페이스북

사용을 금지하고 있기도 하다. 지적재산권 소송이 거론되었고, 개인 정보가 노출된다는 문제도 있다. 마크 주커버그의 페이스북 창업 일대기를 다룬 영화 〈소셜 네트워크〉 역시 이 문제를 언급했다.

그럼에도 불구하고 페이스북의 영향력은 그 어떤 매체도 따라잡을 수 없을 정도다. 페이스북을 하지 못하면 낙오자가 되는 시대가 되었다고나 할까. 고객을 만나고 관리해야 하는 이들이라면 페이스북은 선택이 아니라 필수가 되었다. 경영에서 기획, 홍보, 마케팅, 관리까지 기업의 모든 활동이 페이스북으로 이루어지는 시대가 된 것이다.

페이스북은 소비자의 반응을 실시간으로 파악할 수 있어 이에 발맞추어 발 빠르게 전략을 수정해 피해를 최소화하고 매출을 극대화할 수 있다는 장점이 있다. 제품을 알리는 데 그치는 일방적인 홍보에서 벗어나 정보를 쌍방향으로 교환한다는 점도 페이스북의 가치를 높여준다.

스타벅스에는 페이스북이 있다

스타벅스는 이를 반영하는 대표적인 사례로 꼽을 수 있다. 스타벅스는 커피가 아니라 커피문화를 판매한다고 자부할 만큼 전 세계적인 기업으로 성장했다. 그런 스타벅스가 2007년 경기 침체의 여파로 주가가 떨어지고 폐점하는 점포 또한 늘기 시작했다. 당연히 특단의 조치가 이어졌다. 핵심 조치 중 하나가 페이스북이었다. 매체를 활용한 기존 홍보활동이 효율적이지 못하다는 점을 깨닫고, 더 많은 고객을 끌어들이며 기존 고객과 돈독한 관계를 맺을 수 있는 페이스북에 눈을 돌린 것이다.

스타벅스는 6명으로 페이스북 운영 팀을 꾸리고 11개 채널의 페이스북 마케팅을 실시했다. 그 결과, 스타벅스는 2009년 말 미국의 경제 주간지 《비즈니스위크》가 선정한 '상위 100위 글로벌 기업' 중 '소셜 네트워크 서비스에서의 고객 연관도' 부문에서 1위를 차지했다.

현재 스타벅스 페이스북에 등록한 팬은 700만 명에 이른다. 페이스북으로 고객들과 스타벅스의 새로운 소통의 광장을 만든 것이다. 과거 일방적인 홍보에 열중하던 방식에서 벗어나, 페이스북에 매일 새로운 스토리를 업그레이드하고 있으며, 고객이 궁금해하는 점을 즉시 답변하고, 교류에 필요한 콘텐츠를 수시로 제공하고 있다. 이런 소통을 위한 노력은 스타벅스의 매출뿐만 아니라 주가를 상승시키는 결과를 낳았고, 위기를 모면하는 계기가 되었다.

스타벅스뿐만 아니라 코카콜라도 페이스북을 효율적으로 활용하고 있는 기업으로 꼽힌다. 그러나 코카콜라는 페이스북을 직접 운영하지 않는다. 2명의 코카콜라 마니아가 자체적으로 운영하고 있을 뿐이다. 이곳에 코카콜라 관련 홍보 글이 단 한 줄도 없지만 이 페이스북에는 우리나라 인구의 5분의 1에 해당하는 1,100만 명이 가입해 활동하고 있다. 팬들의 놀이터로 자유분방하게 운영되고 있을 뿐이며, 이는 코카콜라의 기업 이미지도 더불어 높여주고 있다.

우리는 이렇게 스타벅스와 코카콜라의 사례에서 페이스북을 적극 활용해야 하는 이유를 찾을 수 있다. 페이스북은 다양한 인맥을 만들고, 고객과 실시간으로 소통하며, 고객의 니즈를 즉시 파악해 최단기간에 대처할 수 있다는 장점이 있다. 이로써 기업은 충성고객을 더 많이 확보할 수 있을 뿐만 아니라 기업의 메시지를 소비자에게 재빠르게 전달하는 일석이조 효과를 얻을 수 있다.

페이스북 때문에 무너진 네슬레

하지만 페이스북을 활용하는 것이 항상 긍정적인 면만 있는 것은 아니다.

2009년 3월, 네슬레에서 만든 초콜릿 제품 때문에 인도네시아의 오랑우탄이 죽어간다는 동영상이 유포되자 이를 발견한 네슬레 홍보팀은 이 동영상의 유포를 금지시켰고, 동시에 삭제 처리했다. 그리고 그간 운영하던 페이스북도 중단했다. 사태가 확산될 것을 염려해 서둘러 차단시킨 것이다.

그러나 동영상은 이미 각종 블러그와 커뮤니티 사이트를 넘나들었고, 소비자들의 항의와 불매운동을 촉발시켰다. 더구나 75만 명의 네슬레 페이스북 팬들을 적으로 만들고 말았다. 이 결과 네슬레가 수십 년간 쌓아온 명성도 한순간에 무너졌으며, 소비자들에게 자연과 동물을 죽이는 기업으로 인식되고 말았다.

페이스북의 효용가치는 높지만 그렇다고 페이스북을 맹신하거나 페이스북이면 만사형통이라는 생각은 버려야 한다. 페이스북이 기업의 홍보 및 마케팅 전략을 모두 대체하리라 생각하는 것은 어리석다는 뜻이다. 많은 사람들이 페이스북을 사용하지만 페이스북은 소통의 도구 중 하나일 뿐이다. 트위터 사용 인구가 점점 더 증가하고 있고, 구글이 지메일에 소셜 네트워크 기능을 추가하는 등 고객과 소통할 수 있는 소셜 네트워크 서비스는 다양해졌다. 루트가 넓어진 만큼 그것을 어떻게 활용할지에 해당하는 방법은 경영자들과 홍보 담당자, 마케터들의 몫이다.

기업의 경영자로서 고객의 성향을 읽고 그들을 직접 만나야 하는 이들이라면 이런 흐름을 제때 감지하고, 그들과 좀 더 가깝게 다가가고 좀 더 다양한 방법으로 소통하기 위한 길을 찾아야 한다. 그리고 다른 기업이나 업체의 방법을 따라하는 데 급급하기보다 자사만의 독창적인 툴을 찾아 이를 적극 활용해야 한다. 사람들이 페이스북에 열광하는 이유를 알아야만 페이스북을 제대로 활용할 수 있고, 그들의 욕구를 제대로 알아야만 소통도 가능한 법이다. 기업 경영자나 마케터, 커뮤니케이션 부서는 결코 만만한 자리가 아니다.

리멤버십, 서비스의
플랫폼을 열다

'고객의 행복한 순간을 함께 한다'

최근 창의적인 서비스 방식으로 마케팅에 성공한, '국내 웨딩업계의 스티브 잡스'라 불리는 한 경영자로부터 책을 받았다. 그 책에 내가 쓴 추천사가 실린 연유도 있겠지만 그와의 각별한 친분으로, 그가 하는 사업이 웨딩업계에서 우뚝 서게 된 비하인드를 잘 알고 있었기에 책을 받아 읽는 즐거움도 컸다. 책은 '크리에이티브 서비스 플랫폼'이라는 부제를 단 《리멤버십》이었다.

리멤버십이란 '하나이자 전부일 수 있는 사랑하는 가족의 기쁨과 행복을 위해, 인생의 중요 이벤트를 기억하며 그때마다 늘 새로운 기획으로 솔루션을 제안하는 신개념 멤버십 서비스'라고 정의했다. 요람에서 시작해 행복한 순간순간마다 고객과 함께 하는 평생 서비스인 셈이다.

몇해 전, 앞으로의 계획을 묻는 내게 그는 LTV(Life Total Value)라는 개념을 담은 표 하나를 내밀었다.

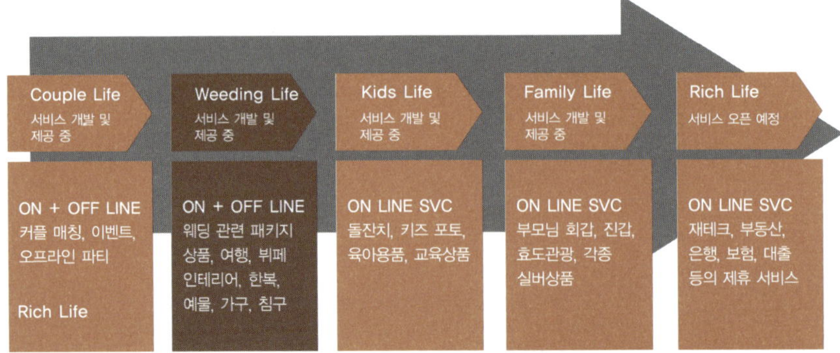

이 안에는 무서우리만치 원대한 그의 꿈이 담겨 있었다. 그는 단순한 웨딩업체를 이끌어가는 사람이 아니었다.

그는 한때 대기업에서 글로벌 인재로 근무하면서 세상에 둘도 없는 자신만의 비즈니스 모델을 만들겠다는 꿈을 키웠다고 한다. 그것은 단순히 결혼 준비를 도와주는 데에서 그치지 않고, 인생의 소중한 순간마다 기억되는 라이프 멤버십 회사로 진화하는 것이었다. 다소 이해하기 어렵고 황당한 그의 말에 관망해보자며 대화를 서둘러 마무리했다. 그런 그의 회사가 지금 국내에서 각광받는 벤처기업 중 하나로 발돋움했다.

그는 자신이 이처럼 성장한 데에는 전자회로도와 같은 사업모델이 있었기에 가능했다고 말했다. 그의 책에도 나와 있는 사업모델이란 다음 페이지 표였다.

과거의 마케팅 개념과는 전혀 다른 위 그림대로라면 그는 얼리어답터가 틀림없다.

그는 시장점유율이나 시장가치, 사업차별화라는 노멀한 마케팅 코드를 버리고, 고객점유율과 평생가치, 고객차별화 등의 전략적인 발상을 시도했다. 도표 상단의 잠재 가망 고객, 계약 고객, 재구매 고객으로 분류한 것이 이를 잘 보여준다.

그리고 이 프로그램을 이끌어갈 핵심 전략으로는 그가 설정한 RISC 키워드를 동력으로 사용했다. RISC는 열광하는 팬(Raving Fan), 인프라스트럭처(Infra Structure), 고객점유(Consumer Share)로 설명되는데, 고객들과 단순한 관계를 유지하는 고객관계관리(CRM)보다는 맞춤형 고객가치관리(CVM)로, 고객들의 숨어 있는 니즈까지 자극할 수 있는 필살기를 사용한다는 것이었다.

그의 비즈니스 모델 핵심 전략은 남들처럼 머릿속에 있는 것이 아니라 한눈에 들여다볼 수 있도록 체계적이고 일목요연하게 정리되어 있었다.

내가 특히 놀란 점은 컨설턴트인 나조차 그릴 수 없는 비즈니스 모델을 그렸다는 것이며, 최근에 이것이 하나하나 어긋남 없이 실행되고 있다는 사실이었다.

'남들과 같으면 이길 수 없다'

그의 책에는 이 그림에서 보이는 사업모델을 실현하게 하는 데 큰 도움을 준 잠언 같은 명언이 소개되어 있다. 그중 하나가 비즈니스 철학이다.

'비즈니스는 끊임없는 설득이다. 누군가는 열심히 설득하고 누군가는 설득 당한다. 거부할 수 없는 제안이 필요하다. 마케팅도 인생도 그렇다.'

아울러 이 책에는 웨딩이라는 작은 시장에서 확장해 창의적인 기회의 시장으로 전환시킨 그만의 게임의 법칙이 소개되어 있다.

'판세가 불리한가? 그럴 수 있다. 이것저것 다 안 된다면? 어렵지만 한 가지, 게임의 룰을 바꾸는 것이다.'

'모든 사람을 만족시키겠다고? 무모한 목표다. 모든 것을 다 잘할 수 있다는 것은 처음부터 말이 안 되는 것과 같다. 잘할 수 있는 것을 찾고 그것을 절실히 여기는 고객을 찾아내야 한다.'

'같은 방식으로 하면서 다른 결과를 기대하지 마라.'

‘다른 생각, 다른 행동이 다른 결과를 가져올 수 있다.’

그는 자신만의 서비스 플랫폼을 견지하며 웨딩-키즈-패밀리로 이어지는 인생 전반의 비즈니스에 뛰어들었다. 그리고 지금 그는 키즈 사업에 돌입 중이다.

그는 독창적인 행사 진행 방식, 컨퍼런스·패션쇼·바자회·상설 뷔페 등의 차별화된 공간 활용, 정교한 교육 시스템, 창의적이고 신선한 인재 개발, 독서토론과 전시회 관람을 비롯해 다양하고 적극적인 문화 나눔 등의 철저한 차별화 전략으로 승부하고 있다. 꿈꾸지 못했던 비즈니스 플랜, 숨어 있는 고객 발견, 때로는 원칙마저 무시한 듯한 역발상, 수평적 사고의 크리에이티브 리더십까지 온통 차별화 일색이다. 다른 생각과 이에 따른 차별적인 실행력이 있을 때만이 엄청난 경쟁력이 생길 수 있다고 그는 강조한다.

그의 회사는 고객 중심 서비스를 강조하고 있다. 고객이 원하는 서비스를 직접 개발하고 제공한다는 것으로, 흩어져 있는 스튜디오·웨딩숍·헤어·마사지 등 웨딩과 관련된 각 부문을 원스톱으로 가능하게 한다. 그리고 고객의 니즈에 근거해 적절한 상품을 개발하는 머천다이징 능력과 고객 로열티 전략으로 고객이 원하는 추억과 서비스를 상품화하는 점에서 그와 그의 회사는 눈여겨볼 대상이다. 수많은 웨딩 플래너 회사들과의 경쟁에서 앞서 나가는 데에는 반드시 그만한 이유가 있는 법이다.

초기에는 평범하기 이를 데 없던 그의 회사가 이처럼 전혀 다른 개념의 기업으로 확장하게 된 것은 플랫폼적인 사고가 있었기 때문이다. 그리고 이를 실행하려는 구체적이고 전략적인 플랜 또한 오늘날 그만의 리멤버십을 만드는 원동력이 되었을 것이다.

그를 칭찬하고 기대하는 이유

한 회사가 전략적 서비스, 그것도 세상에 없는 서비스를 상상하고 구축한 플랫폼을 현실로 완성하고 있다. 그리고 그 플랫폼 전략으로 늦게 시장에 발을 디뎠음에도 불구하고 기존 업체들을 멀찌감치 제치고 있다.

다른 분야와 달리 웨딩업계는 저마다 특화된 서비스로 경쟁하기 때문에 획기적인 아이디어와 서비스가 아니면 살아남기 힘들다. 또한 아무리 좋은 사업 구상도 생각에서 머문다면 공상일 뿐이다. 그런데 그는 이 시장에 누구도 생각하지 못한 창의력으로 로드맵을 세우고, 과감한 추진력으로 현실화했기에 괄목할 만한 성과를 거둘 수 있었다.

안개와 같은 시장에서 시시각각으로 변화하는 고객을 끌어안기 위해 분명한 전략을 세우고 이를 촘촘히 관리하고 경영하는 것은 쉽지 않은 일이 아니다. 경쟁이 치열한 상황에서 남들과 같아서는 절대 이길 수 없다. 그는 누구나 알고 있지만 설마 했던 것들, 누구에게나 필요했지만 간과했던 것들을 놓치지 않았고, 독창적인 아이디어와 전략으로 그 필요를 제공하고 있다.

그리고 그것이 현실로 이루어지게 하는 것은 여간한 노력이 아니면 힘들다. 아무리 절박하고 특별한 전략이라도 실행할 수 없으면 공염불에 불과하다. 큰 소리로 떠든다고 생각이 현실이 되는 것은 아니라는 뜻이다. 그래서 실행하는 전략 또한 경쟁력이라 할 수 있다.

내가 구구절절 그의 경영 전략과 그의 회사의 성공 요인을 언급하는 이유는 이 때문이다. 그는 누구나 알고 있지만 설마 했던 것들, 누구에게나 필요했지만 간과했던 것들을 놓치지 않았고, 그의 회사는 독창적인 아이디어와 전략으로 그 필요를 제공하고 있다.

　그와 그의 회사는 그것을 직접 보여주었고, 남들과 차별화된 가치를 만들고 있다. 그래서 이러한 성과와 그간의 과정은 기업을 경영하는 이들이나 마케터들에게 훌륭한 교재가 될 만하다. 그래서 그와 그의 회사의 앞날이 더없이 궁금해진다.

머리가 되지 못한 신화,
대우

'세계는 넓고 할 일은 많다'

"예기치 못한 IMF 사태를 맞아 대우그룹은 지금까지 경험하지 못한 많은 애로를 겪고 있습니다. …… 이제 다시 한 번 초심으로 돌아가 무욕의 자세로 혼신의 힘을 다해 대우그룹 경영을 조기에 정상화함으로써 국가 경제에 미치는 부담을 없애고, 명예롭게 퇴진할 수 있도록 제 모든 것을 바쳐 최선의 노력을 다하겠습니다."

세계경영으로 우리나라 사람들과 기업가들에게 희망과 위안을 주던 김우중 전 회장의 야심찬 드라마는 이 성명서 하나와 함께 막을 내리고 말았다.

한때 국내 1, 2위를 다투는 굴지의 그룹이었던 대우가 어떻게 68조 2,000억 원에 달하는 부채를 남긴 채 역사 속으로 사라졌을까? 68조 2,000억 원에 달하는 부채도 대우그룹 자체의 발표라는 점에서 실로 얼마나 더 많은 부채를 남긴 채 무너졌는지 알 수 없는 정도다. 이 질문에 답해야 할 당사자는 묵묵부답으로 20조 원의 분식회계와 9조 8,000

억 원의 사기대출 혐의로 법이 내린 형량만 채우고 있을 뿐이다.

1967년 초, 한성실업이라는 섬유업체에서 일하던 그는 이 회사의 하청기업인 대도섬유 사장과 합작해 독립할 것을 꿈꾼다. 그렇게 그해 3월 22일, 대도섬유의 첫 글자와 김우중의 가운데 이름을 딴 대우실업 주식회사가 탄생했다.

10평 남짓한 사무실에서 5명으로 출발한 이 회사는 잇단 인수합병을 하며 신화 만들기의 주역으로 등장했다. 무역만 하던 그는 1968년 5월, 부산 동래에 봉재 공장을 세워 그해 10월 가동에 들어갔고, 이듬해에는 한일섬유, 고한실업, 세창직물 등을 잇달아 인수하면서 인수합병을 통한 고속성장이라는 대우그룹의 역사를 쓰기 시작했다.

창업 이래 수출 전문 기업으로 출발한 대우는 1972년에 수출 실적 2위를 기록하는 등 고속성장하는 한편, 정부의 중화학공업 육성 정책과 맞물려 건설·조선·금융 등으로 사업을 다각화했다. 다음해인 1973년은 대우가 세계경영의 토대를 마련한 원년으로 기록되는데, 당시 그는 한국투자·동양증권·동양투자금융 등 비제조 분야의 계열사를 확보해 다양한 금융 기법을 배웠다. 이는 후에 지사인 런던 스쿨 출신 금융 담당자들이 고속성장하는 계기가 되었고 앞서 언급한 대로 세계경영의 초석이 되어주었다.

1974년에는 건설·전자·기계·금융 등 13개 계열사를 거느린, 규모면에서 당시 국내 10위권의 대기업으로 발전했다. 자본금 500만 원으로 창립한 회사가 7년 만에 어마어마한 성공 신화를 만든 것이다. 그에게는 '세계는 넓고 할 일은 많다'는 말이 들어맞았다.

'나도 김우중처럼 되고 싶다'

대우그룹의 흥망사를 언급하려면 '김우중 신화'의 주인공인 김우중 전 회장을 조명해야만 한다. 뒤늦게 '외줄 자전거 타기를 하는 서커스 단원이며, 그의 철학은 세계 경영이라는 이름의 도박'이라는 혹평도 나왔지만 그의 신화는 한동안 부동의 요새였다. 이를 입증이라도 하듯 그는 1997년 대우의 새해 최고경영자회의에서 자신감을 표출했다.

"우리가 추진하는 세계 경영은 단순히 대우의 전략이라는 차원을 넘어서고 있으며 한국 경제의 확실한 대안으로 자리 잡고 있다. 애국적인 차원에서 사명감을 갖고 추진해야 하며, 국가경쟁력과 수출 증대, 고용 확대를 위해 세계경영을 확대해나갈 것이다."

그해 대우는 창립 30주년을 맞았는데, 기념식장에서 당시 김우중 회장은 '대우의 30년은 농밀한 시간의 축적이었다'고 자신의 30년 경영 인생을 회고했다. 그럴 수밖에 없는 것이 당시 그는 다른 재벌 총수들과 달리 국내 30대 재벌 그룹 가운데 몇 안 되는 창업자였다. 그것도 가장 늦게 창업해 가장 고속으로 성장한 기업인이었다. 당시 벤처기업들의 성공 스토리가 크게 회자되고 있었지만 그는 당시 대한민국 샐러리맨들이 되고 싶어 하던 최고의 우상이었다.

그는 자본금 500만 원으로 시작해 회사를 짧은 기간에 국내 굴지의 대기업으로 일구었다. 서울의 관문인 서울역 앞에 거대한 위용을 자랑하며 서 있는 대우빌딩은 당시 한국 경제 발전의 상징이자 그 자체였다. 더구나 당시 대학생들의 취업선호도 1순위 기업은 늘 대우였다.

당시 대기업들이 국내 시장에만 안주해 있을 때 대우는 가장 먼저 세계로 눈을 돌렸고, 그 중심에 있던 김우중은 1년 내내 세계 곳곳을 누비는 글로벌 경영으로 모든 이들의 관심의 대상이었다. '김우중처럼 되고 싶다'는 말은 '나도 할 수 있다'는 가능성이었고, 누구나 열심히 하면 성공할 수 있다는 살아 있는 증거였다.

그런데 문제는 그토록 승승장구하던 대우그룹에는 김우중 한 사람만이 대우그룹을 움직이고 있었다는 점이었다. '김우중 신화'가 대우그룹의 신화가 되지 못한 것이다.

"내가 시키면 시키는 대로 해"

신진자동차는 일본 도요타와 합작 관계가 깨진 후 1972년 미국 GM의 자본을 유치해 GM코리아를 출범시켰다. 그러나 GM과 신진자동차의 관계는 순탄하지 못했고 결국 경영난으로까지 이어졌다. 이때 채권 은행인 산업은행은 몇 차례 부실기업을 인수해 정상화시키는 수완을 보인 김우중 회장에게 GM코리아의 인수를 요청했다. 1983년, 그는 이 회사를 인수하면서 회사 이름을 대우자동차로 바꾸었고, GM과 동거를 시작했다.

대우는 국내에서 기반을 갖추고 세계시장을 상대로 공조하는 특이한 운영 시스템을 갖고 있었다. 그런데 이 모든 최종 결정권이 김우중 1인에게 몰려 있었다는 점이 문제였다. 그의 선택, 판단, 결정은 곧 대우의 운명과 직결되어 있었다. 그는 "대우에 임직원이 아무리 많아도 지휘 체제는 오직 자신뿐"라고 말하기도 했다. 실제로 다른 인접 나라들에까지 사업을 이어가라는 그의 지시를 임원들이 부정적으로 발언하자 그는 화를 내며 이렇게 말했다.

"내가 시키면 시키는 대로 해!"

특히 세계경영의 핵심으로 등장한 자동차산업에서 그는 독선적이라는 비난을 받아야 했다. GM과의 관계에서도 원만하지 못해 만성적인 노사분규와 경쟁사의 도약으로 인한 경영난과 대우의 독자 모델 개발 계획에 이견이 생기는 것을 비롯해 9년에 걸친 양측의 동거는 금이 가기 시작했다.

이 결과 대우와 GM은 1992년 10월 합의이혼에 이르렀고, 대우 또한 세계경영을 선포하며 자동차산업에 본격적으로 뛰어들었다. 이후 대우는 폴란드 최대의 자동차 공장인 피소를 인수하면서 GM에 일격을 가했지만 IMF 한파 이후 GM과 제휴라는 기묘한 인연을 이어간다.

노련한 프로, 그러나 몰락한 공룡

1997년 말에 밀어닥친 IMF 체제는 국내 기업들에게는 혹한의 위기였다. 그런데 대우는 다른 그룹이나 대기업들과 달리 구조조정에 소극적이었다. 언론과 재계 관계자들은 '김우중 회장의 독선이 빚은 비극'이라고 분석했다. 훗날 대우의 위기 사태가 표면화된 후 미국 경제 주간지인 《비즈니스위크》는 이렇게 혹평했다.

"김우중 회장은 채무와 홍보 전략을 이용해 진정한 개혁을 회피하는 데에는 노련한 프로다. 그는 차입경영 철학을 폐물로 만든 국제 경제의 변화에 수십 년간 적응하지 못해왔으며 이제 와서 적응할 가능성은 희박하다."

그러나 그를 아는 사람들은 이런 진단은 그를 모르는 데에서 출발했다고 말한다. 그는 비록 낙관론자이지만 세계적인 변화를 파악하지 못할 정도로 무능하지는 않았다. 오히려 그는 매년 설마다 도요타자동차를 방문해 세계 최고의 경쟁력으로 시장을 이끄는 경영자들과 친분을 유지했으며, 미국과 유럽에 경제교사를 두어 그들로부터 중요한 정보를 입수하거나 그들의 선택과 결정을 유효하게 활용했다.

그러나 정작 대우의 위기는 자동차의 비극이었다. 자동차를 세계경영의 전면에 내세우고 전 세계에 거점을 구축하는 상황은 정지하면 쓰러지는 자전거와 다를 바 없었다. 자전거가 달리기 시작하면서 탄력이 붙은 상황에 갑자기 정지하면 앞으로 거꾸러지고 만다. 대우에게 정지는 일시적인 후퇴가 아니라 영원한 몰락이었다.

누구보다 이 상황을 잘 간파한 당시 김우중 회장은 결별했던 GM을 찾아가 전략적 제휴를 통한 재결합을 시도했지만 그의 노력은 버스 떠난 뒤에 손 흔드는 꼴이 되고 말았다. 그 후 김우중과 대우는 우리에게 아픈 생채기를 남기며 무너지고 말았다.

한때 국내 경제 발전의 신화였지만 변화를 읽지 못한 채 몰락한 공룡, 대우그룹. 아무리 덩치가 커도 변화에 적응하지 못하는 머리로는 절대로 치열한 기업 경쟁에서 살아남을 수 없음을 우리에게 분명하게 보여준다.

우연은 하늘이 주지만
필연은 사람이 만든다

1988년 봄, 26살이었던 쿠니는 어머니가 사준 복권이 특등 상에 당첨되어 하루아침에 부자가 되었다. 상금은 2,071만 달러로, 당시 우리 돈으로 230억 원에 달했다. 평범한 자동차 수리공이었던 그는 부자가 되겠지만 해오던 일을 계속 하겠다고 말해 사람들을 감동시켰다.

하지만 당첨금을 받은 그는 자신이 일하던 자동차 판매 회사를 사들였고, 도넛 상점의 종업원으로 일하던 아내는 일을 그만두었다. 그와 그의 가족에게 복권 당첨은 '불행 끝, 행복 시작' 처럼 보였다. 그런데 결과는 그 반대였다.

그의 회사는 잘못된 경영으로 1년도 안 돼 문을 닫았고, 3년 뒤에는 아내와 이혼하면서 위자료로 690만 달러를 주었다. 그 후 재혼했지만 다시 헤어졌고 위자료를 지불해야만 했다. 새로 시작한 중고차 판매 사업도 뜻대로 되지 않아 사채를 써야만 했다. 그렇게 복권에 당첨된 지 11년이 지난 1999년, 쿠니는 500만 달러의 빚까지 진 채 파산신청을 했다.

경영이 바로서야
기업이 바로선다

그들은 지금도 우리 곁에 있다

2012년 3월, 한 신문의 헤드라인이 내 시선을 끌었다.

'어느덧 76세 김우중 회장, 대우 창립 45주년 기념식 참석'

창립 45주년 기념행사를 준비한 단체는 대우그룹 출신 임직원들의 모임인 대우 세계경영연구회로, 2009년에 대우그룹의 해외시장 개척 경험을 연구하고 발전시켜 나갈 목적으로 만든 조직이었다.

신문에는 김우중 전 회장이 전 대우그룹 임원들과 담소를 나누던 중 눈을 감고 생각에 잠긴 얼굴을 클로즈업한 사진, 그리고 대우 세계경영연구회가 헌정한 《대우는 왜》라는 책 사진이 나란히 실려 있었다.

대우그룹이 해체된 지 이미 10년이 흘렀지만 아직도 우리 경제계 일각에는 대우라는 깃발을 내세우고 있고, 이들의 경험과 이들이 쌓아온 노하우를 연구하고 발전시키려 노력하고 있다. 하지만 아직도 그 '신화'의 주역이었던 대우그룹이 왜 해체했는지 이유를 모르는 사람들이 태반이며, 당사자인 그들도 어떤 변명이나 해명도 하지 않고 있다.

그들에게는 기억하고 싶지 않은 과거의 일이겠지만 그 기억은 오늘날 우리나라의 경제 발전에 반면교사가 될 수 있다. 그들이 경제에 미친 악영향을 애써 외면한다면 이후 똑같은 일이 또다시 반복될 것이며 그때처럼 상황을 탓하고 규제를 탓할 것이며, 잘못된 관리 문제를 탓할 것이다.

어느 기업이든 경영 관리의 내면을 가감 없이 들추어보아야 그 기업이 흥하고 망하는 진짜 이유를 알 수 있고, 그래야 그 기업에게서 무엇을 배우고 무엇을 버려야 할지 알 수 있다. 우리가 어제의 일을 들추어보는 것은 그것으로 오늘을 반성하고 내일을 계획하기 위해서다. 이런 의미에서 한때 국내 경제를 좌지우지했고, 한때 신화로까지 추앙받던 대우그룹의 몰락은 우리에게 시사하는 바가 크다.

대우의 몰락, 그리고 그 중심에 있던 김우중 전 회장의 추락을 되짚어보기 위해서는 국내 다수의 기업들의 성공과 실패 요인을 먼저 더 듬어볼 필요가 있다. 이는 대우라는 거대 그룹의 흥망사가 국내 경제 환경을 등에 업고 성공했고, 국내 기업들의 속성을 고스란히 떠안은 채 몰락했기 때문이다.

기업은 어떻게 흥하고 망하는가

우리나라 중소기업의 경우부터 짚어보자. 우리나라 중소기업들의 성공 요인을 꼽을 때 우수 전문 인력의 양성, 기술개발을 위한 과감한 R&D 투자, 인간적인 노무관리와 노사 공감대, 신제품 개발을 통한 제품의 고급화를 말한다. 이 외에도 경영자의 뛰어난 통찰력과 사업

안목, 정부의 정책적인 지원, 사업부장 중심의 사업부제 운영 외에도 경영자의 원만한 대인관계와 근면성은 물론 수출 위주의 전략으로 해외로 시장을 다변화한 것을 꼽을 수 있다.

하지만 중소기업만의 장점을 활용하지 못한 채 방만한 자금관리, 무리한 사업 확장, 경영자의 지식과 경험 부족, 그리고 이로 인한 경영자의 독단적인 의사결정이 무리수로 작용하고 있다. 여기에 대기업과 경쟁하기 위한 기술개발 노력이 부족하고, 허술한 유통망 관리와 경영환경의 변화에 제대로 대비하지 못한 점, 체계화된 마케팅 전략 없이 주먹구구식으로 운영하는 점, 시작과 달리 노사관계가 악화되면서 기업의 생존 자체가 흔들린 점도 빠트릴 수 없다.

이를 들여다보면 외부적인 요인도 무시할 수 없지만 경영자의 판단, 경영 방식, 변화에 대비하고 대처하는 자세가 성패에 얼마나 중요한지 알게 해준다. 중소기업의 성공과 실패를 가늠하는 잣대가 경영자이고, 경영자의 상황 판단력과 대처 능력이 중소기업의 흥망을 좌우하는 것이다.

이에 비하면 대기업의 경우는 그 요인이 복잡하다. 우리나라 대기업들은 정부 시책에 부응하고, 노사 간의 신뢰와 공동체 의식, 주인의식을 바탕으로 한 기업문화, 지속적인 신제품 개발, 전문 경영인을 활용한 책임경영 체제를 구축했다. 여기에 중소기업의 경우처럼 기술개발을 위한 과감한 R&D 투자, 우수 전문 인력의 양성은 물론 고객만족을 위한 철저한 관리, 그리고 경영자의 사업 능력과 예측력, 여기에 사업다각화를 빠트릴 수 없다.

하지만 과시욕에 따른 무리한 사업 확장과 방만한 자금관리, 경영자의 독단적인 경영, 경영환경의 변화에 대한 예측 및 대응 부족, 족

벌경영의 심화가 대기업의 생존경쟁력을 약화시켰다. 여기에 정부와의 관계가 악화되고, 자금 조달에 실패한 데 이어 생산설비 투자에 소홀한 점, 해외시장 개척에 안일하게 대응한 점이 부실경영을 가속화시켰다.

대우그룹은 놀랍게도 실패 요인의 백화점이라고 해도 과언이 아닐 정도로 이러한 실패 요소를 고루 갖추고 있었다. 표면적으로는 정부와의 관계 악화를 들고 있지만 실제적으로는 족벌경영의 심화를 비롯해 앞에서 제시한 모든 요소가 몰락의 주요 원인이 되고 있다.

세계경영 뒤에 숨은 외상경영

대우의 몰락을 회상하면서 지적해야 할 문제 중 하나는 독자적인 기술과 첨단기술의 부족이다. 대우가 조선회사를 인수했을 때 기술 부족에 따른 고객의 불만을 해소하기 위해서는 자체 기술이 절실했다. 선진국들이 기술을 전수하지 않아 큰 어려움을 겪던 당시 김우중 회장은 영국의 엔지니어링 업체를 인수해 조선산업에 돌파구를 마련했다.

그래서 나온 것이 탱크주의로 대표되는 '기술대우'였다. 이를 대대적으로 강조하며 나선 때가 1993년이었다. 세계경영을 선언하고 나선 것도 이와 맥을 같이한다.

세계경영의 가시적인 성과는 대우의 신화를 다시 한 번 입증해주는 사례이기도 했다. 세계경영을 내걸고 출발할 당시 해외 거점은 175개였는데 1년 후인 1994년에는 257개, 2년 후인 1996년에는 430개, 1997년에는 600개로 급속하게 늘어났다. 이에 자신감을 얻은 대우는 "세계경영으로 해외 산업기지 1,000개 이상, 해외 매출 890억 달러를 포함해 총매출액 1,780억 달러, 해외 현지 인력 25만 명을 포함해 총 고용인력 35만 명 이상을 달성하겠다”는 야심찬 목표를 공언하기에 이르렀다.

해외 공장의 고용인력이 10만 명의 국내 인력을 넘어서면서 대우그룹의 매출액은 우리나라 국민총생산의 12퍼센트에 육박하는 55조 원으로 늘어났다. '가장 짧은 시간에 가장 빠르게 성장한 기업'으로 승승장구하던 대우와 김우중 회장은 뜨거운 뉴스메이커로 등장했다.

하지만 1997년 IMF 체제에서 200퍼센트의 부채 비율을 맞추지 못했던 대우그룹은 무너지고 말았다. 당시 기업들은 인수할 기업의 자산을 담보로 돈을 마련한 뒤 그 기업을 인수했다. 땅 짚고 헤엄치기 식인 이것은 당시 국내 기업들이 다른 기업을 인수합병할 때 공공연히 이루어진 방식이었다. '부채도 자산'이라는 김우중 전 회장의 말처럼 대우는 실제 이익보다는 매출액 규모를 늘리기에 치중했고 이것이 재계 1, 2위를 다툴 수 있는 계기를 마련해주는 듯했다. 하지만 이 외상경영은 대우를 몰락의 구렁텅이로 밀어 넣은 주요 요인 중 하나가 되고 말았다.

김우중의 대우인가, 대우의 김우중인가

대우의 위기는 근본적으로 자금 문제에서 출발했다. 김우중 회장이 “우리 돈도 좀 써 달라는 유럽 은행들의 요청이 끊이지 않고 있다”던 상황은 IMF 체제와 함께 눈 녹듯이 사라지고 말았다. 영국 런던에 있는 대우 지사의 별칭이자 김우중 전 회장의 세계경영에 수족과 같은 역할을 했던 금융 전문가들이 모인 런던 스쿨도 막힌 돈줄을 뚫을 수는 없었다. 기발한 금융 기법으로 다른 기업들을 놀라게 했던 런던스쿨 출신들도 감당하기 힘든 부채로 막힌 돈줄 앞에서는 맥을 못 추었다. 이는 차입경영의 한계를 여실히 보여준다.

더구나 인수합병에 따른 이질적인 문화를 극복하지 못한 점도 되새겨볼 부분이다. 김우중 전 회장은 대우그룹이 성장하는 단서를 '본질에 가장 신속하고 효과적으로 접근할 수 있는' 인수합병에 두었지만 이로 인한 위기 상황은 막아내지 못했다. 뒤늦게 그는 '대우가족'을 강조하면서 인수합병 과정에서 방만해진 조직을 두 차례에 걸쳐 대대적으로 정리했지만 힘에 부치고 말았다.

지나친 집중화와 김우중 개인의 독단적인 경영도 결코 빠트릴 수 없다. 그의 집중화 전략은 국내외 경쟁자들의 심장을 겨눌 수 있는, 차별화된 비장의 무기처럼 보았다. 그러나 이 무기는 비수가 되어 자신의 심장에 꽂히고 말았다. 경영 시스템에서도 전자·자동차·중공업·건설·무역 등 자율적인 경영체제를 갖추고 있으면서 김우중의 한 마디만 지켜보고 실행하는 개인기업 체제를 벗어나지 못했다. 이 때문에 변화하는 경영 흐름을 따라잡지 못했고, 한 개인의 시선과 입에만 매달리는 꼴이 되고 말았다.

'대우'는 결코 지나간 역사가 아니다

물론 대우그룹의 흥망사를 보면서 한때 호가호위했던 기업의 몰락을 쉽게 단죄하거나 평가해서는 안 된다. 대우에 적을 두고 한때 전 세계를 움직였던 이들의 경험과 그들이 쌓아온 노하우는 충분히 현재 국내 기업들의 성장 동력이 될 수 있다. 기업은 몰락했지만 교훈마저 몰락한 것은 아니지 않은가.

지금, 당신은, 당신의 회사는 어떤가? 의사 결정은 적절하게 이루어지고 있는가? 독자적인 기술력을 갖고 있는가? 혹시 기술은 외면한 채 판매에만 몰두하고 있지는 않은가? 유통기한이 지난 우유를 앞에 둔 채 먹지 못하는 것을 후회하고 있지는 않은가? 덩치만 키우는 데 몰두해 포기해야 할 것을 애써 끌어안은 채 부실만 키우고 있지는 않은가? 지나간 성공에만 취해 있지는 않은가?

최근 전자 왕국으로 불리던 일본 경제가 몰락한 원인은 자만심에 젖어 변화를 무시하고, 규모만 키우는 데 몰두해 내실을 다지지 못한 결과였다. 일본 IT산업의 침몰을 지켜보면서 대우를 떠올리는 것은 무리한 일은 아닐 것이다.

대우그룹의 해체가 과연 옳은 선택인지, 김우중 전 회장의 과오가 진정 그 혼자만의 과오인지에 대한 평가는 보는 사람마다 다를 수 있다. 하지만 누구나 공통으로 지적하는 한 가지는 있다. 경영자가 제대로 서지 못하면 기업을 유지할 수 없고, 변화를 읽지 못하면 아무리 거대한 몸집을 지녀도 무너질 수밖에 없다. 그리고 크든 작든 기업의 침몰은 그 안에서 일하는 이들을 거리로 내몰고 만다. 남다른 자부심으로 여긴 회사가 하루아침에 수치스러운 기억으로 남고 만다.

경영은 결코 쉬운 일이 아니다. 남들에게는 편하고 부유한 자리로 보이지만 한 기업을 책임진다는 것, 그리고 시시각각으로 변하는 경제 환경 속에서 버티고, 한 단계 올라서야 한다는 것은 여간한 스트레스가 아닐 것이다. 하지만 경영자를 믿고 긍지와 사명감으로 뭉친 이들이 곁에 있지 않은가.

이기는 기업은 이기는 경영에서 시작하고, 이기는 경영은 변화를 읽고 변화를 내다보는 전략에서 시작한다. 그 중심에 경영자가 있고, 직원들이 있다.

대우그룹 창립 45주년 기념행사 신문기사를 보면서 오늘날 기업이 처한 현실과, 이를 이겨내고 내일의 변화를 내다보는 경영의 중요성을 다시 한 번 생각해본다.

참고
자료

도서

《경영의 미래(The future of Management)》(게리 하멜 저 / 하버드 비즈니스 스쿨)

《기획의 신 스티브 잡스》(김정남 저 / 비즈북스)

《나는 이야기 장사꾼이다》(정영선 저 / 브랜드스토리)

《디자인 씽킹》(로저 마틴 저 / 웅진윙스)

《리멤버십》(전하영 저 / 마인드북스)

《마케팅 실무자가 꼭 알아야 될 101가지》(복준영 저 / 원앤원북스)

《미래기업의 조건》(클레이튼 크리텐슨 저 / 비즈니스북스)

《미래시장을 잡는 독점의 기술》(밀렌트 M. 레레 저 / 흐름출판)

《보이지 않는 뿌리》(홍성태 저 / 박영사)

《상술의 귀재, 온주 상인》(맹명관 저 / 청림출판)

《생존경쟁력》(맹명관 저 / 행간)

《월드 휴먼 브리지 2011 컨퍼런스》(월드휴먼브리지)

《월마트와 인공위성》(안현태 저 / 코트라)

《유쾌한 이노베이션》(톰 켈리 · 조너선 리트먼 저 / 세종서적)

《한국형 마케팅 불변의 법칙 33》(여준상 저 / 더난)

《MK의 기적》(최학순 저 / 을지서적)

논문 및 리포트

〈100년 기업의 조건〉(LG주간. 2005년 4월 27일)

〈고객만족 연구에 관한 종합적 고찰〉(《소비자학연구 제1권 제2호》 2000년)

〈기업계의 이단아 Gore사〉(LG경제연구원)

〈모바일 인스턴트 메신저의 딜레마〉(LG경제연구원)

〈수요 예측 체계, 어떻게 구축하나〉(LG ERI 리포트)

〈스마트TV, 태블릿 PC 기술 및 산업동향〉(한국콘텐츠진흥원. 2010년 8월)

〈전략적 혁신으로 승부하라〉(LG경제연구원. 2004년)

〈CEO의 품질을 높이자 - 해외 CEO 벤치마킹 편〉(대한상공회의소 싱글PPM 품질혁신추진본부)

〈CRM의 최근 연구 동향과 향후 과제〉(경성대학교 상경연구원)

기사

〈'나를 따르라'를 버렸더니 직원 모두가 따라오더라〉(《조선일보》 2011년 6월 25일)

〈131년 필름 왕국 코닥의 몰락〉(《중앙일보》 2012년 1월 6일)

〈24층 호텔 로비, 소금커피…고정관념 깨니 대박〉(《조선일보》 2011년 11월 28일)

〈개방 혁신 활성화를 위한 산업 기술 정책 방향〉(《마운틴뷰 월밍턴》 2012년 3월 7일)

〈고속버스만큼 싼 비행기, 어떻게 가능했을까〉(《조선일보》 2012년 2월 23일)

〈구글 쿠데타, 삼성 스마트폰 운명, 3년 안에 결판〉(《조선일보》 2011년 8월 27일)

〈국내 기업들 경영철학–핵심가치 살펴보니…〉(《동아일보》 2011년 5월 9일)

〈남양유업 돌풍〉(《조선일보》 2011년 12월 13일)

〈내가 은퇴? 엘블리 계속합니다〉(《조선일보》 2010년 4월 28일)

〈누가 이들을 인스턴트커피라 할까〉(《조선비즈》 2011년 11월 29일)

〈닌텐도는 왜 스마트폰 열풍에 무너졌나〉(《매일경제》 2011년 11월 11일)

〈닌텐도의 추락〉(《조선일보》 2011년 10월 30일)

〈단순한 알파벳, 숫자, 색으로 카드의 흐름 바꿨다〉(《조선일보》 2011년 11월 30일)

〈덩치 큰 이통사 카톡에 힘 못 쓰는 까닭〉(《매일경제》 2011년 4월 11일)

〈도쿄 전통시장의 대반격〉(《조선일보》 2009년 12월 30일)

〈돈 드는 기술혁신보다 사업 모델 바꾸는 게 효과적〉(《조선일보》 2011년 12월 16일)

〈매달 적자지만 회사 가치 1,000억 넘어〉(《조선일보》 2011년 3월 30일)

〈미래를 위해 본업을 바꾼 듀폰〉(《CEO Information》 2012년 2월 28일)

〈베네통은 왜 추억의 브랜드로 전락했나〉(《조선일보》 2011년 12월 24일)

〈변화의 거부, 결말은 끔직한 비극〉(동아일보 / 2011년 1월 15일)

〈색다른 라면인데…맛있네〉(《조선일보》 2011년 11월 29일)

〈선도기업의 딜레마 – 끊임없는 혁신이 오히려 자기 시장 파괴〉(《조선일보》 2011년 11월 21일)

〈세계 최고의 디자인 기업 IDEO〉(Naver)

〈소니, 산요, 닌텐도 줄줄이…일본 IT '침몰 중'〉(《한국일보》 2011년 8월 24일)

〈소비자 조사의 진화 – 고객들의 수다에서 신제품 단서 찾는다〉(《조선일보》 2008년 7월 26일)

〈소프트웨어 플랫폼으로 경쟁하라〉(《위키트리》)

〈스마트 세상 '개방 혁신'이 답이다〉(《동아경제》 2010년 11월 10일)

〈시끌벅적 호객·즉석 흥정 – 국제적 명물로 뜬 일본 아메요코 시장〉(《매일신문》 2008년 9월 9일)

〈시대 흐름 못 읽은 US스틸, 모토로라 순식간 몰락〉(《매일경제》 2012년 2월 10일)

〈싸움의 틀을 바꾸면 골리앗이 이길 확률 63%〉(《조선일보》 2009년 5월 6일)

〈애플, 삼성 중국에 밀려…글로벌 IT 업체 10만 명 감축 예고〉(《조선일보》 2011년 11월 18일)

〈애플은 어떻게 돌아가고 있는가?(How Apple works)〉(《Fortune Tech》 2011년 8월 25일)

〈어려울수록 핵심가치에 집중하라〉(《조선일보》 2010년 4월 17일)

〈왜 베네수엘라 초콜릿은 안 팔릴까?(Why You Aren't Buying Venezuelan Chocolate?)〉
(《하버드 비즈니스 리뷰》 2010년 12월호)

〈원저우, 장사에서 금융 큰손으로 변신 중〉(《파이낸셜뉴스》 2012년 4월 2일)

〈유통의 글로벌화 지피지기 지혜 필요〉(《이코노믹 리뷰》 2011년 12월 5일)

〈진화하는 온주 상인〉(《조선일보》 2011년 3월 11일)

〈코닥 파산의 교훈〉(《머니투데이》 2012년 3월 27일)

〈특혜로 부풀린 거품의 붕괴, 한보〉(《주간조선》 2005년 6월 27일)

〈한국 IT, 구글의 하청업체 전락 위험〉(《조선일보》 2011년 8월 18일)

〈IT업계 혁신 경쟁, 궁극적인 목표는 통합 운영체제, 삼성도 높지 않아〉(《조선일보 위클리 비즈》 2011년 8월 20일)

〈MS, 삼성 손잡고 스마트 폰 대반격〉(《조선일보》 2012년 2월 23일)